집중력 실전 워크북

이명경
한국집중력센터 소장

아이용
워크북

"집중력도 반복 훈련이다!"

재미있는 이야기와 그림으로 만나는 16가지 집중력 놀이

김영사

이름

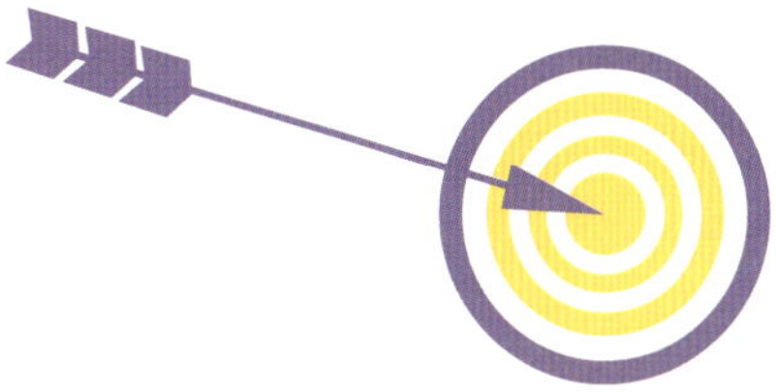

집중력 실전 워크북

아이용
워크북

이 명 경 한국집중력센터 소장

김영사

차례

1장
시각 집중력

2장
청각 집중력

1

빠진 곳 그려 넣기

2

같은 구성 찾기

3

대칭 그림 그리기

4

기호 쓰기

1장

시각 집중력

1 빠진 곳 그려 넣기

그림을 잘 보고 빠진 부분을 그려 넣어주세요.

날짜:　　　　년　　　월　　　일

2 같은 구성 찾기

보기와 같은 사물이 있는 것을 찾아 O표 하세요.

날짜: 년 월 일

시각 집중력

1단계

2 같은 구성 찾기

보기와 같은 사물이 있는 것을 찾아 O표 하세요.

날짜: 년 월 일

2 같은 구성 찾기

보기와 같은 사물이 있는 것을 찾아 O표 하세요.

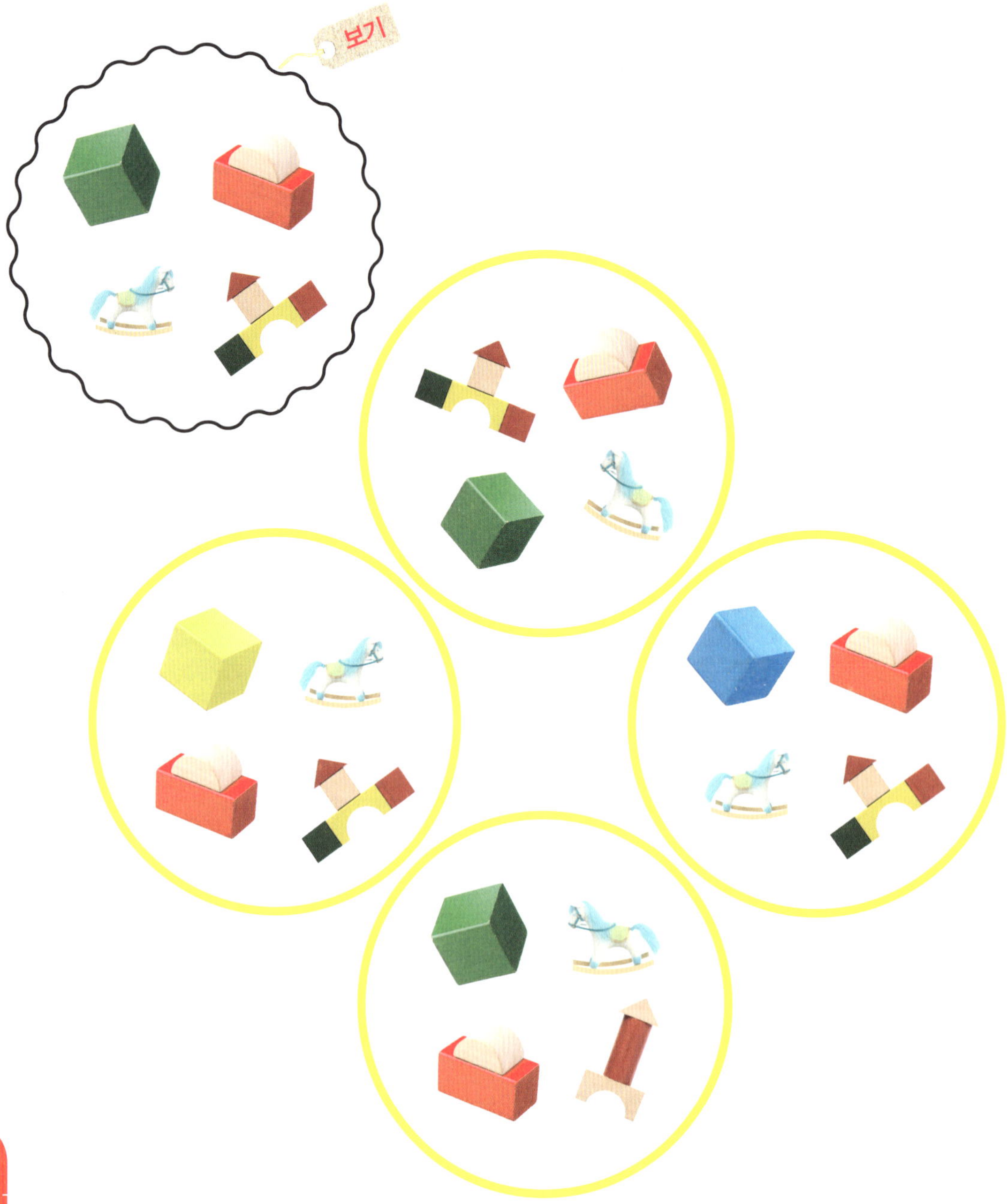

날짜:　　　　년　　월　　일

3 대칭 그림 그리기

왼쪽 그림과 대칭이 되는 그림을 오른쪽에 그려,
반쪽밖에 없는 그림을 완성해주세요.

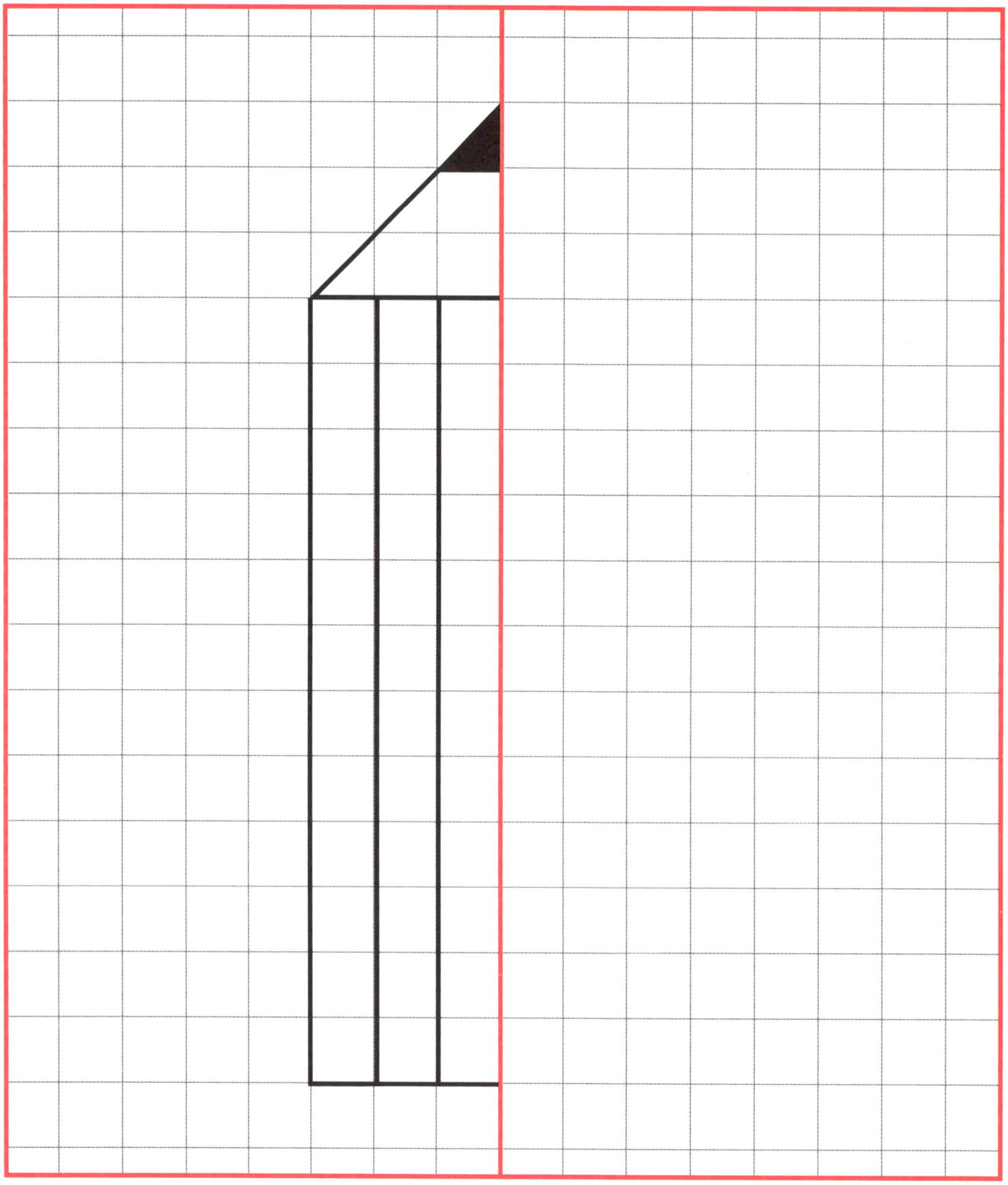

날짜: 년 월 일

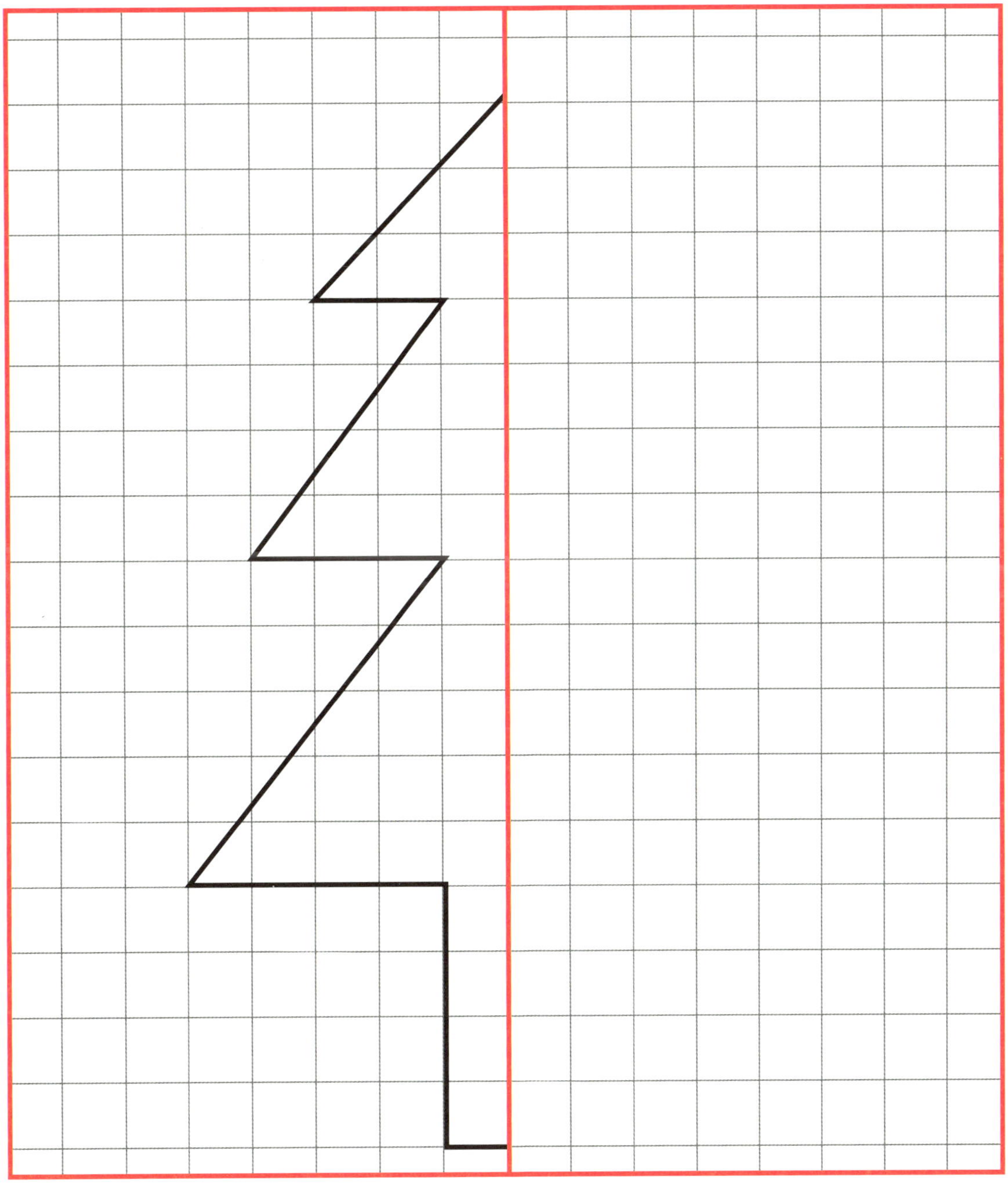

4 기호 쓰기

그림과 기호가 서로 짝을 이루고 있어요.
그림 아래 빈 칸에 그림과 짝이 되는 기호를 써주세요.

보기

1	2	3	4	5	6

날짜:　　　년　　월　　일

＿＿＿＿ 초

4 기호 쓰기

그림과 기호가 서로 짝을 이루고 있어요.
그림 아래 빈 칸에 그림과 짝이 되는 기호를 써주세요.

시각 집중력
1단계

날짜:　　　년　　월　　일

______ 초

4 기호 쓰기

그림과 기호가 서로 짝을 이루고 있어요.
그림 아래 빈 칸에 그림과 짝이 되는 기호를 써주세요.

보기

T	•	△	V	⊥	O

시각 집중력
1단계

날짜:　　　년　　월　　일

______ 초

1 빠진 곳 그려 넣기

그림을 잘 보고 빠진 부분을 그려 넣어주세요.

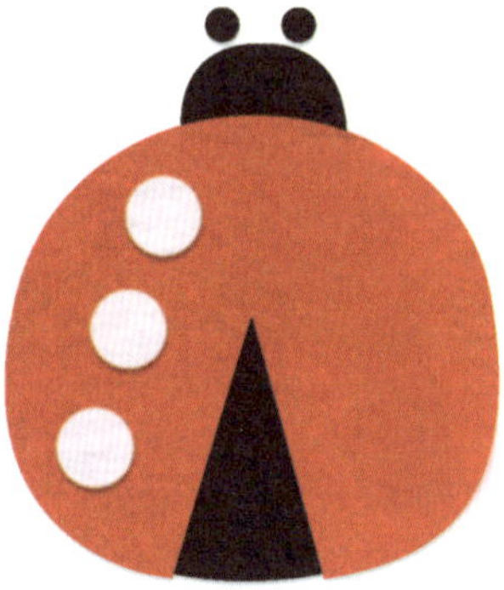

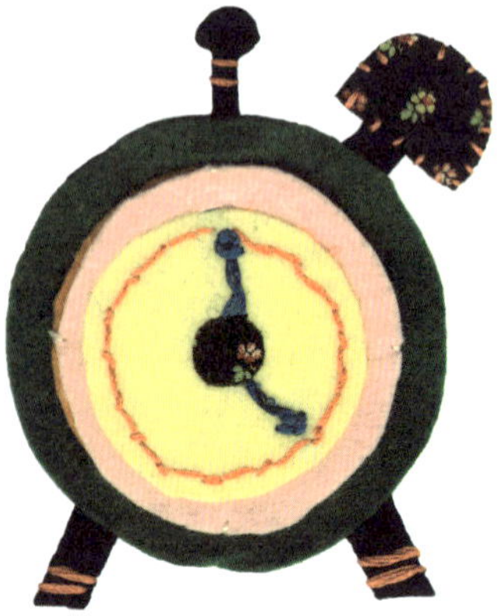

날짜: 년   월   일

2 같은 구성 찾기

보기와 같은 사물이 있는 것을 찾아 O표 하세요.

날짜: 년 월 일

시각 집중력 2단계

2 같은 구성 찾기

보기와 같은 사물이 있는 것을 찾아 O표 하세요.

날짜:		년	월	일

2 같은 구성 찾기

보기와 같은 사물이 있는 것을 찾아 O표 하세요.

날짜:　　　　년　　월　　일

2 같은 구성 찾기

보기와 같은 사물이 있는 것을 찾아 O표 하세요.

날짜: 년 월 일

3 대칭 그림 그리기

왼쪽 그림과 대칭이 되는 그림을 오른쪽에 그려, 반쪽밖에 없는 그림을 완성해주세요.

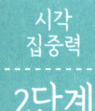

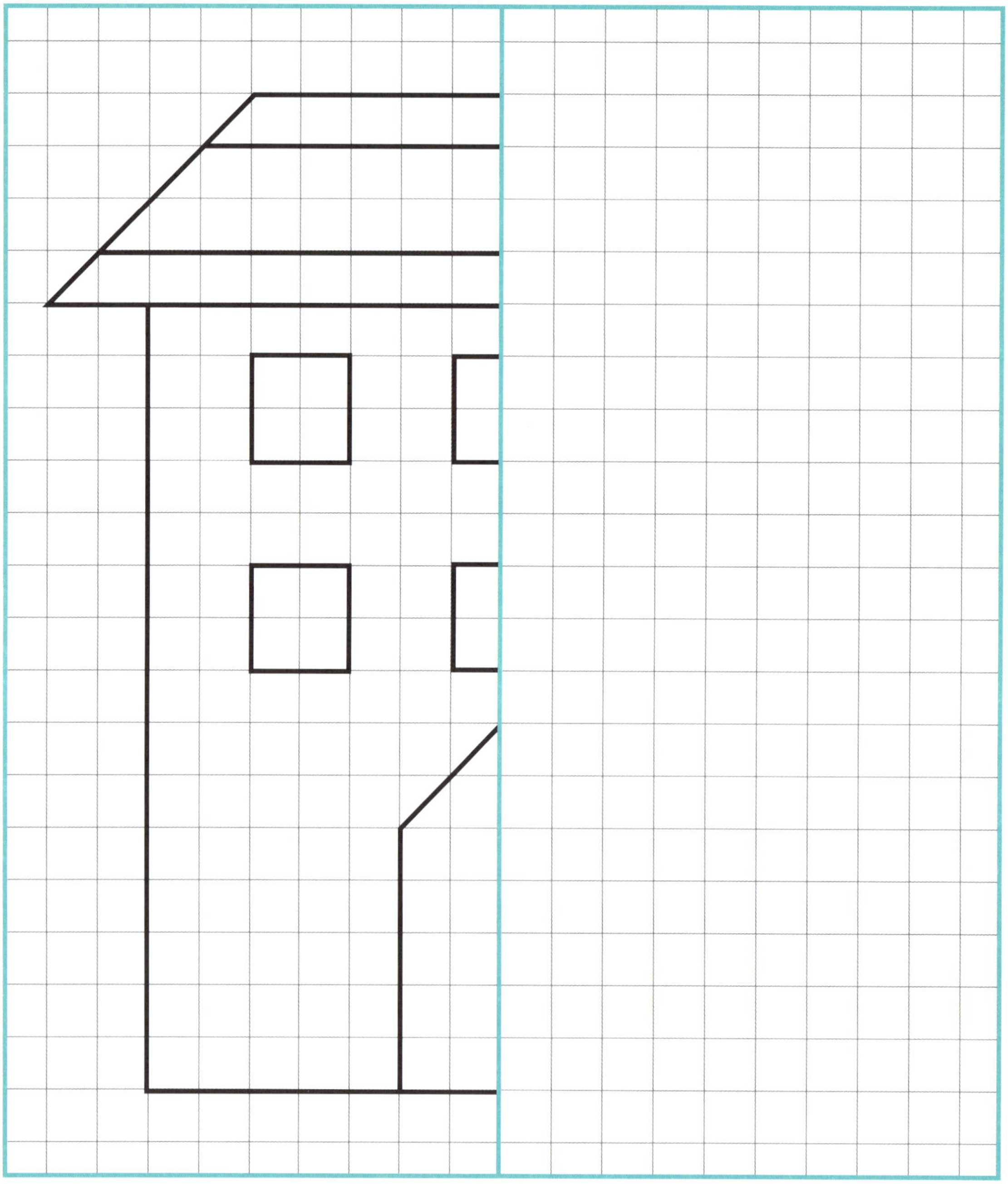

시각 집중력

2단계

날짜:　　　　년　　월　　일

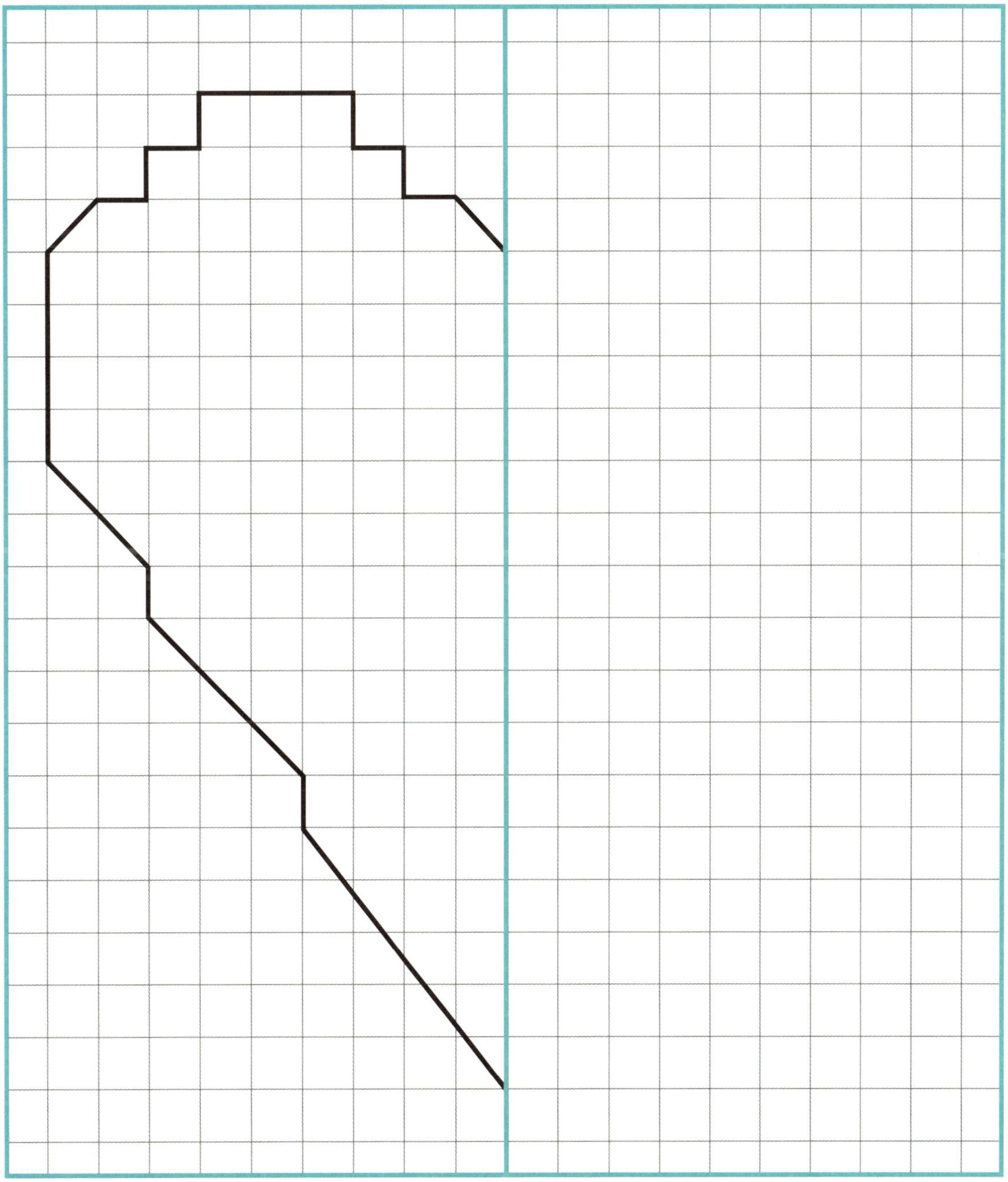

4 기호 쓰기

그림과 기호가 서로 짝을 이루고 있어요.
그림 아래 빈 칸에 그림과 짝이 되는 기호를 써주세요.

보기

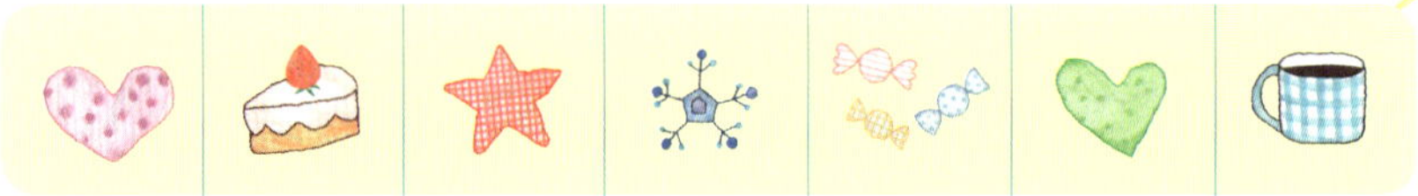

1	2	3	4	5	6	7

시각 집중력
2단계

날짜:　　　　년　　월　　일

~~~~~~ 초

시각 집중력

2단계
~~~~~~

4 기호 쓰기

그림과 기호가 서로 짝을 이루고 있어요.
그림 아래 빈 칸에 그림과 짝이 되는 기호를 써주세요.

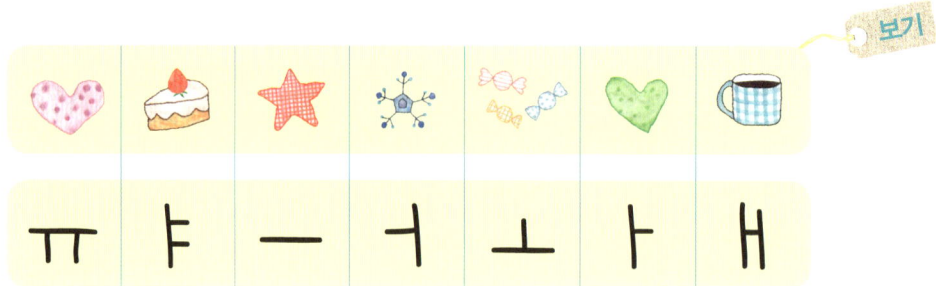

보기

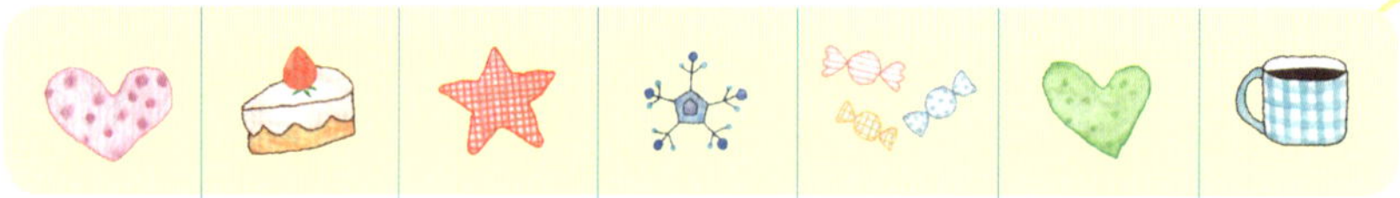

ㅠ	ㅑ	ㅡ	ㅓ	ㅗ	ㅏ	ㅐ

시각 집중력
2단계

날짜: 년 월 일

초

시각 집중력

2단계

4 기호 쓰기

그림과 기호가 서로 짝을 이루고 있어요.
그림 아래 빈 칸에 그림과 짝이 되는 기호를 써주세요.

날짜:　　　년　　월　　일

______ 초

1 빠진 곳 그려 넣기

그림을 잘 보고 빠진 부분을 그려 넣어주세요.

날짜: 년 월 일

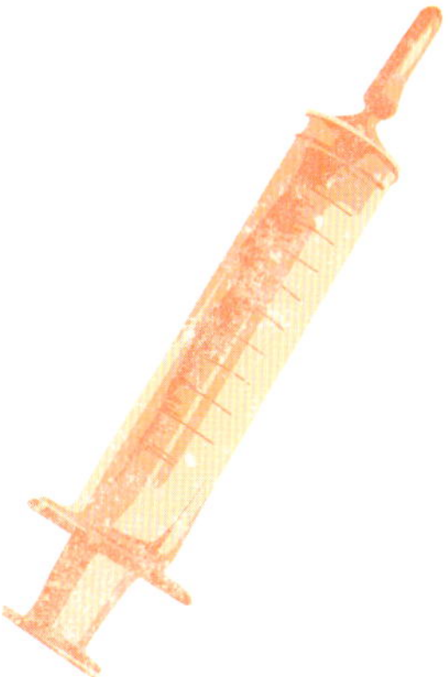

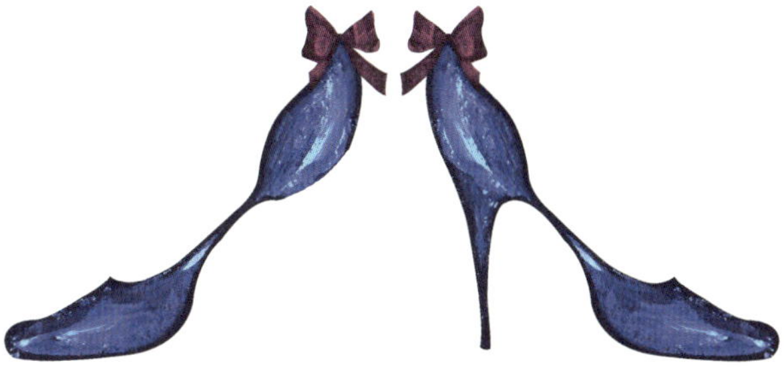

2 같은 구성 찾기

보기와 같은 사물이 있는 것을 찾아 O표 하세요.

날짜:　　　년　　월　　일

2 같은 구성 찾기

보기와 같은 사물이 있는 것을 찾아 O표 하세요.

날짜: 년 월 일

2 같은 구성 찾기

보기와 같은 사물이 있는 것을 찾아 O표 하세요.

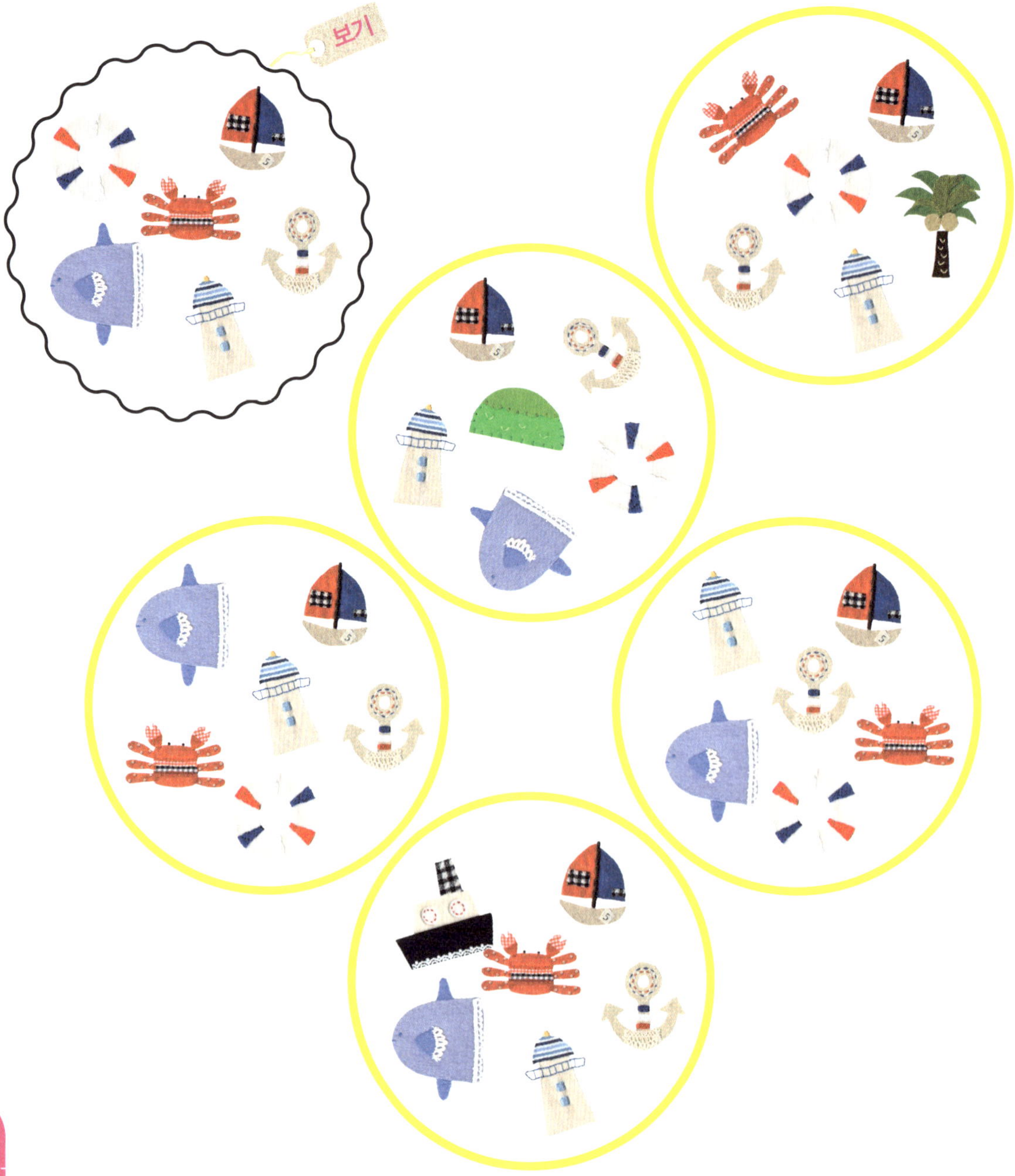

시각
집중력
3단계

날짜:　　　년　　월　　일

2 같은 구성 찾기

보기와 같은 사물이 있는 것을 찾아 O표 하세요.

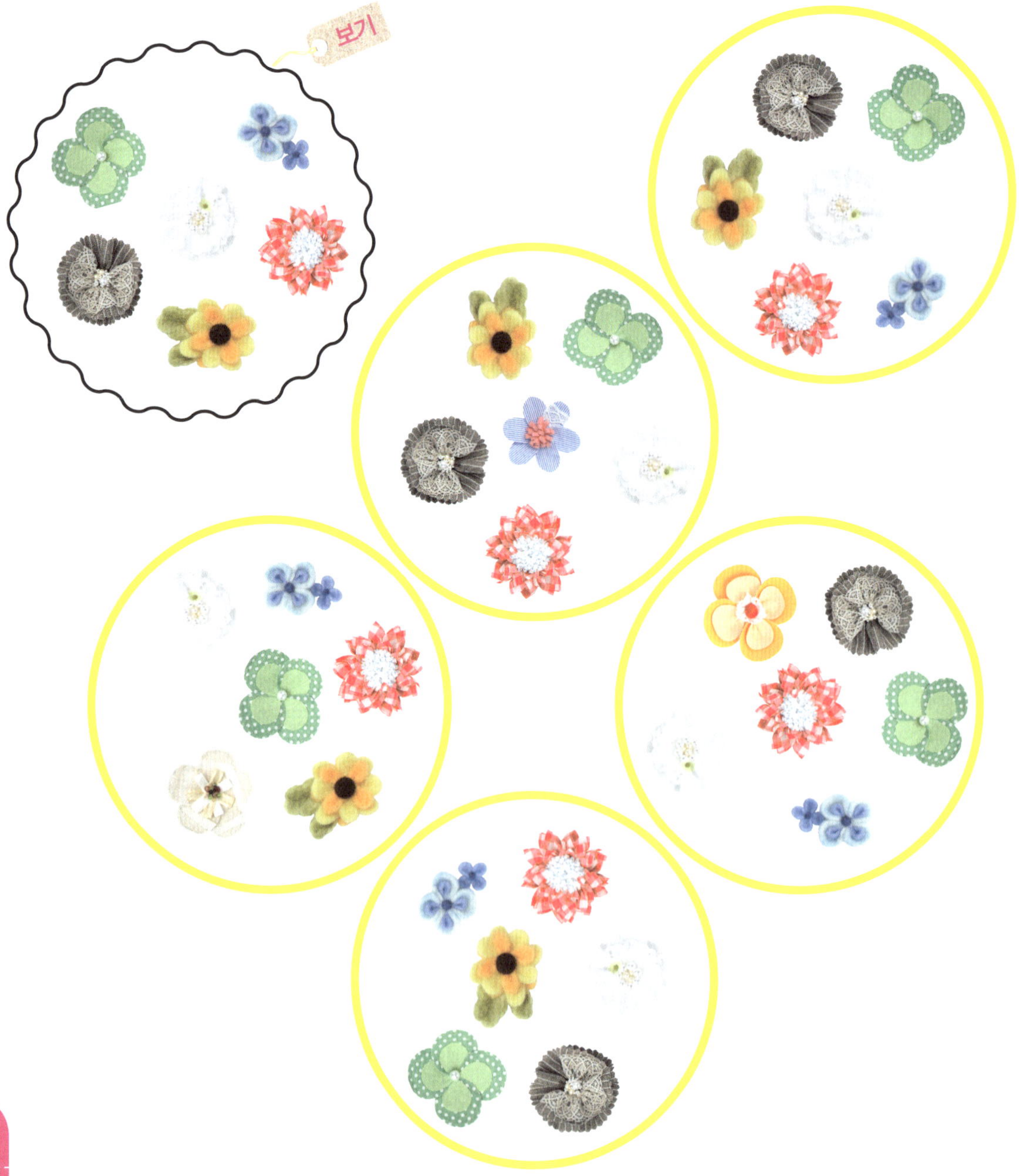

날짜: 년 월 일

3 대칭 그림 그리기

왼쪽 그림과 대칭이 되는 그림을 오른쪽에 그려, 반쪽밖에 없는 그림을 완성해주세요.

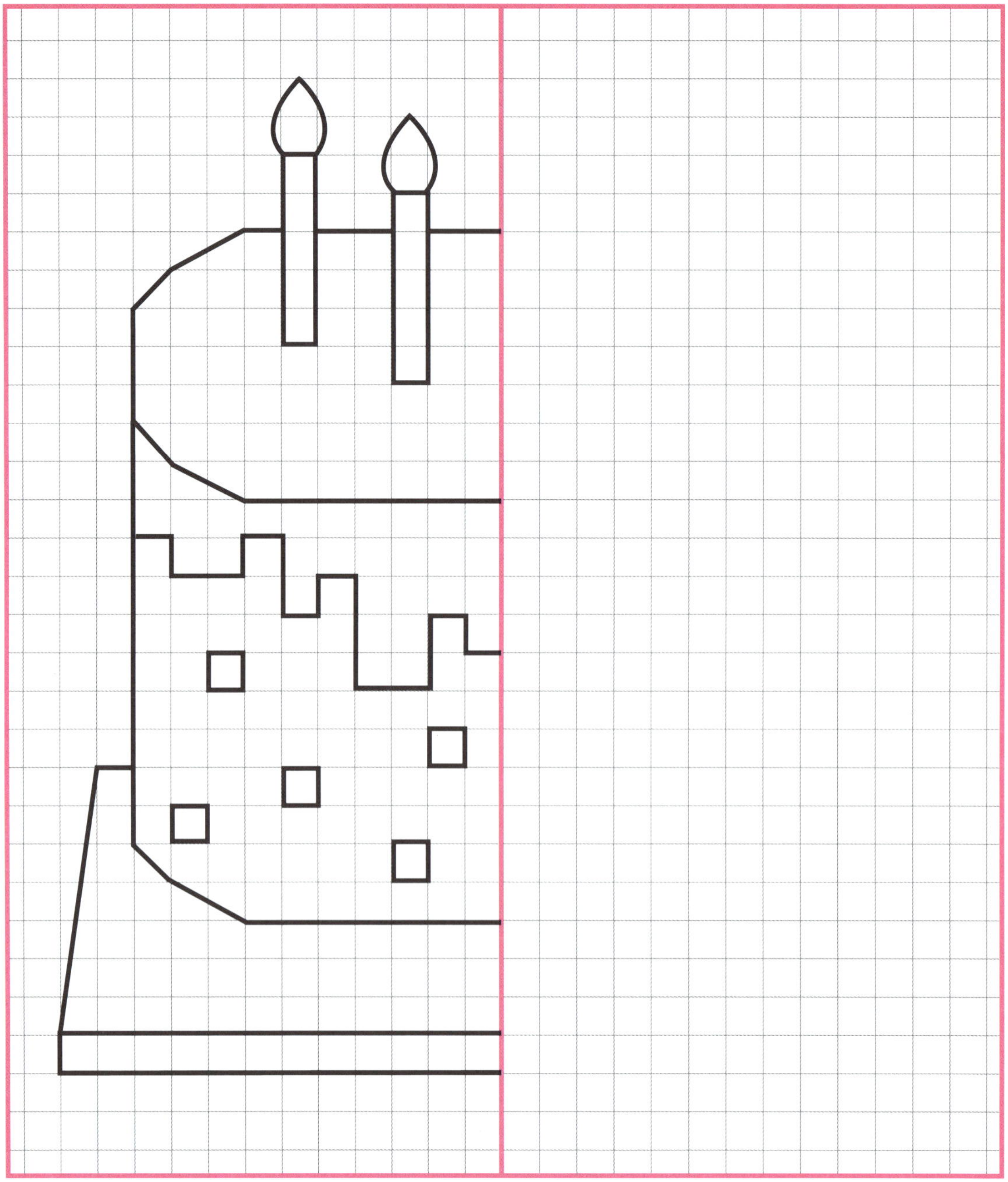

날짜: 년 월 일

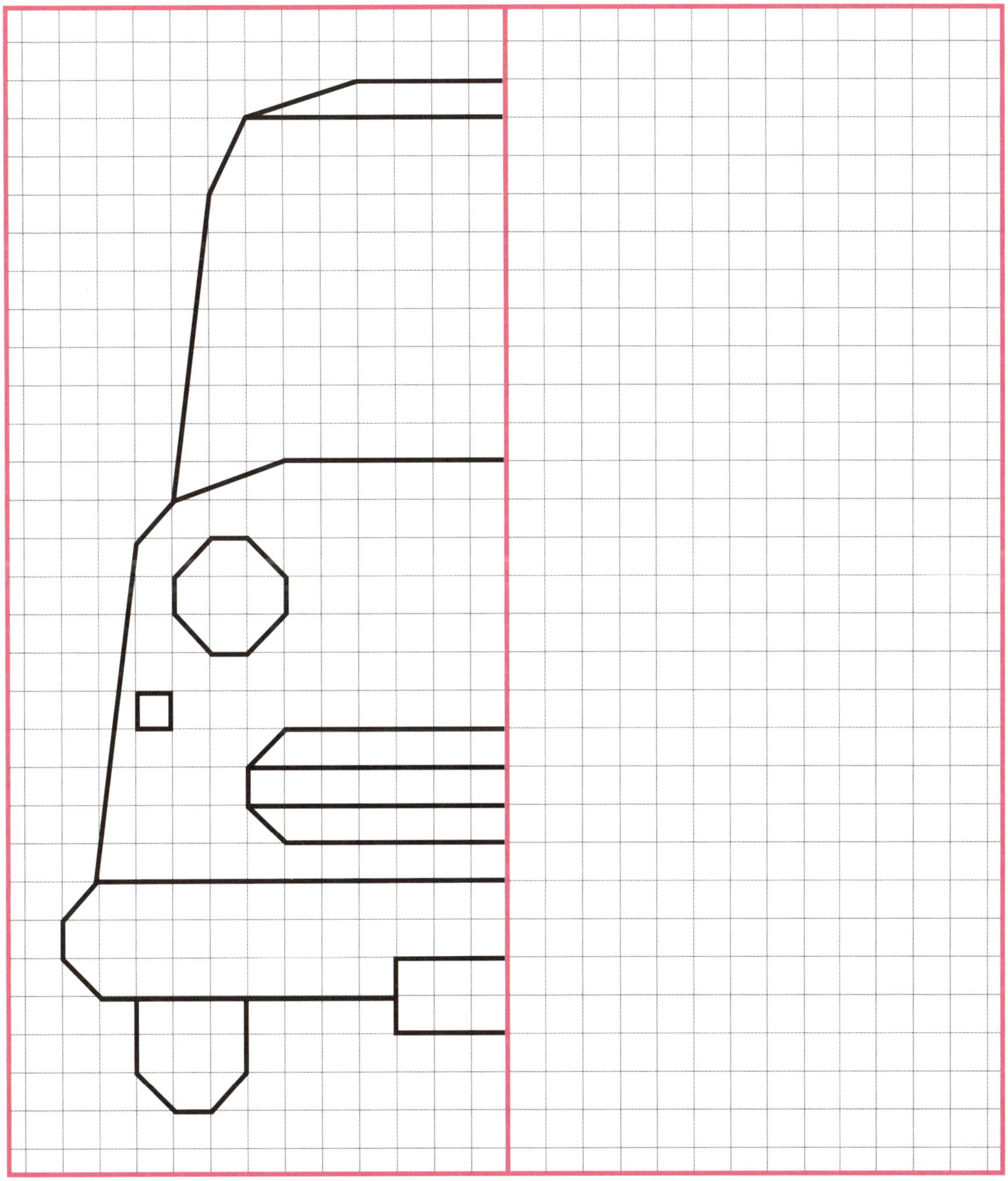

4 기호 쓰기

그림과 기호가 서로 짝을 이루고 있어요.
그림 아래 빈 칸에 그림과 짝이 되는 기호를 써주세요.

보기

0	1	2	3	4	5	6	7

날짜: 년 월 일

초

시각 집중력

3단계

4 기호 쓰기

그림과 기호가 서로 짝을 이루고 있어요.
그림 아래 빈 칸에 그림과 짝이 되는 기호를 써주세요.

보기

ㅅ	ㅇ	ㅈ	ㅊ	ㅋ	ㅌ	ㅍ	ㅎ

날짜: 년 월 일

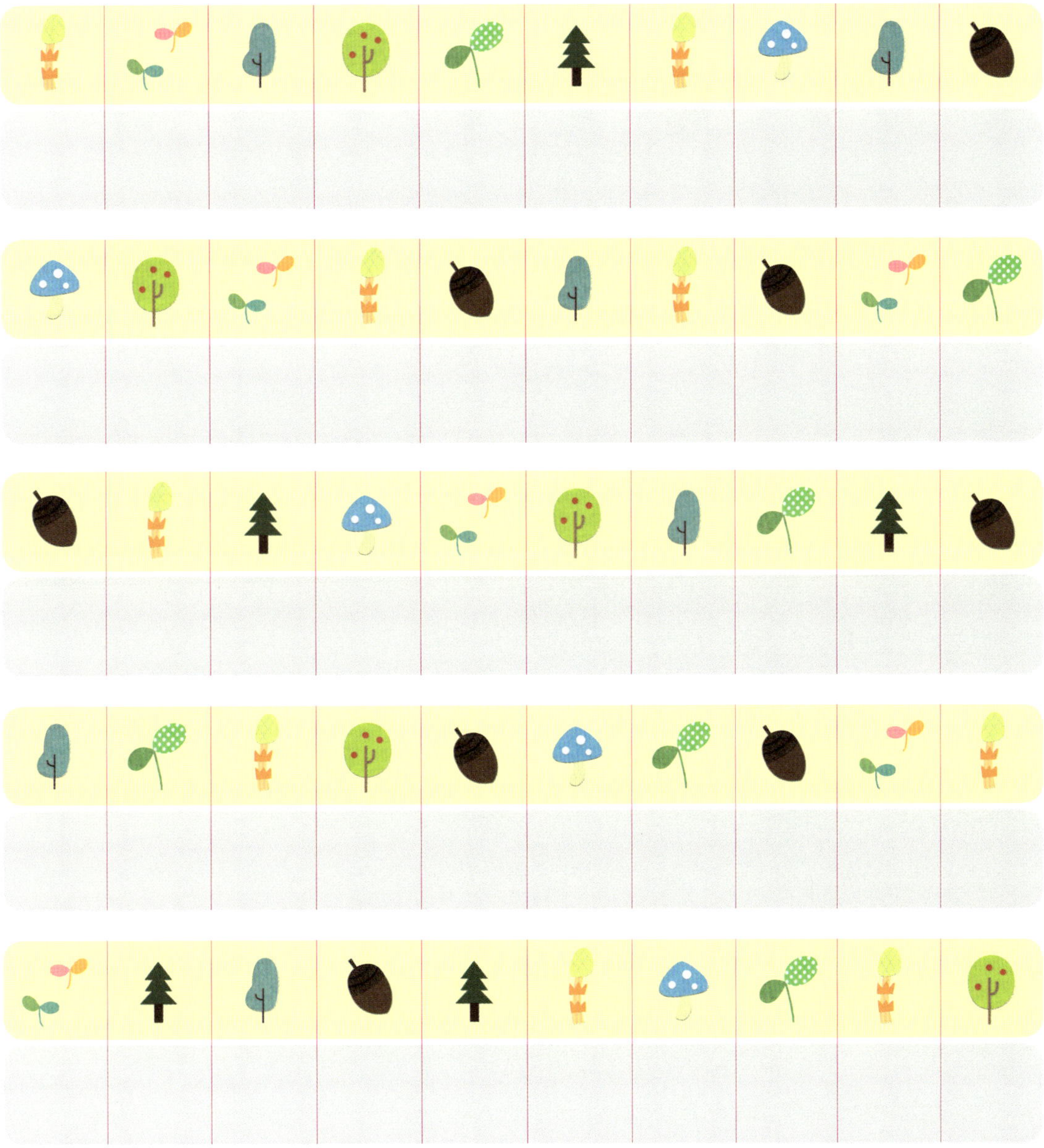

_____ 초

4 기호 쓰기

그림과 기호가 서로 짝을 이루고 있어요.
그림 아래 빈 칸에 그림과 짝이 되는 기호를 써주세요.

보기

+	/	◎	▽	~	◇	⊓	💧

날짜:　　　년　　월　　일

______ 초

시각 집중력

3단계

1

다섯 고개 넘기

2

이야기 듣고 맞추기

3

손뼉 치기

4

다른 단어 찾기

2장

청각 집중력

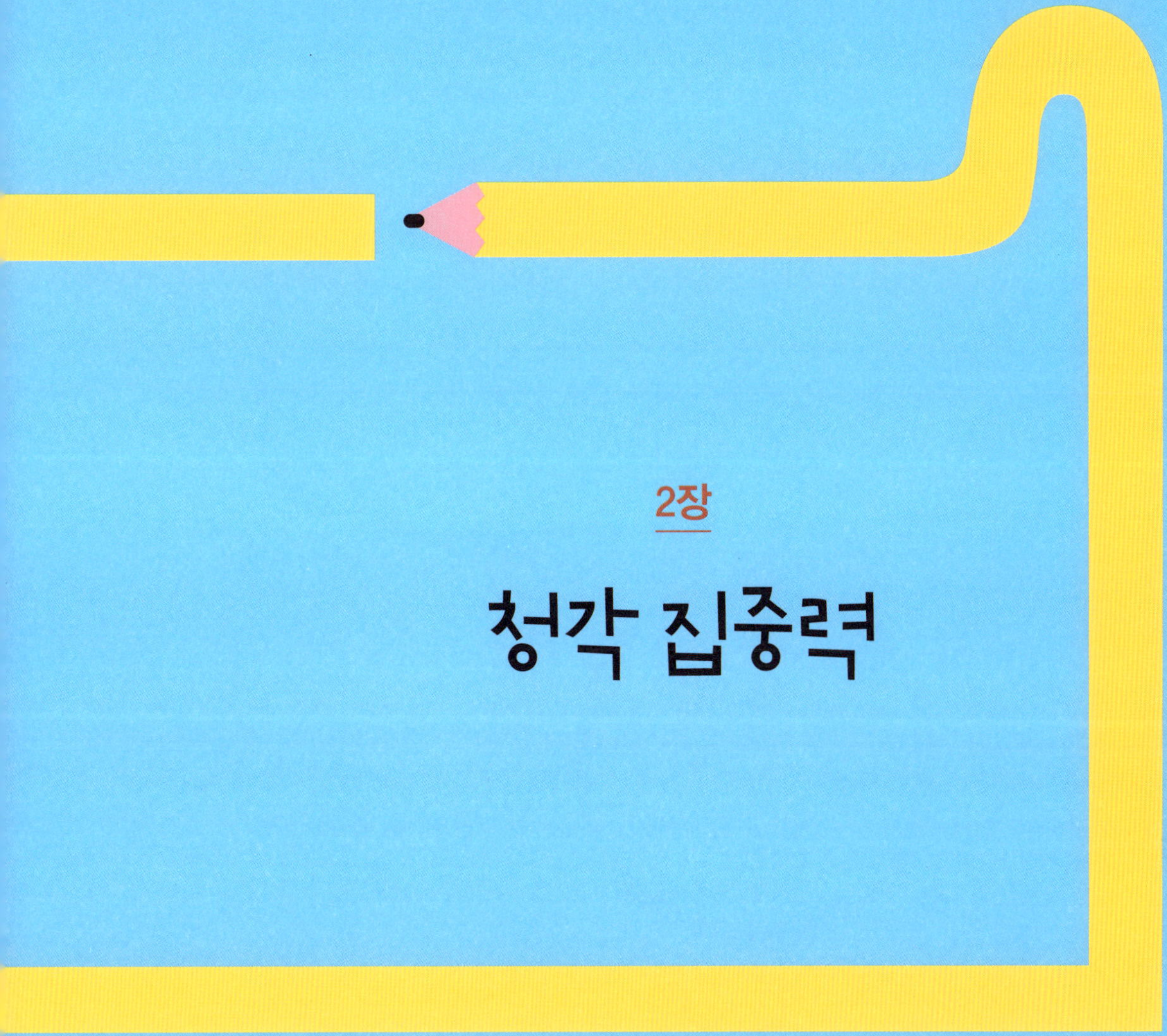

1 다섯 고개 넘기

이야기하는 것을 잘 듣고, 알맞은 사물의 이름을 쓰세요.

날짜:　　　　년　　월　　일

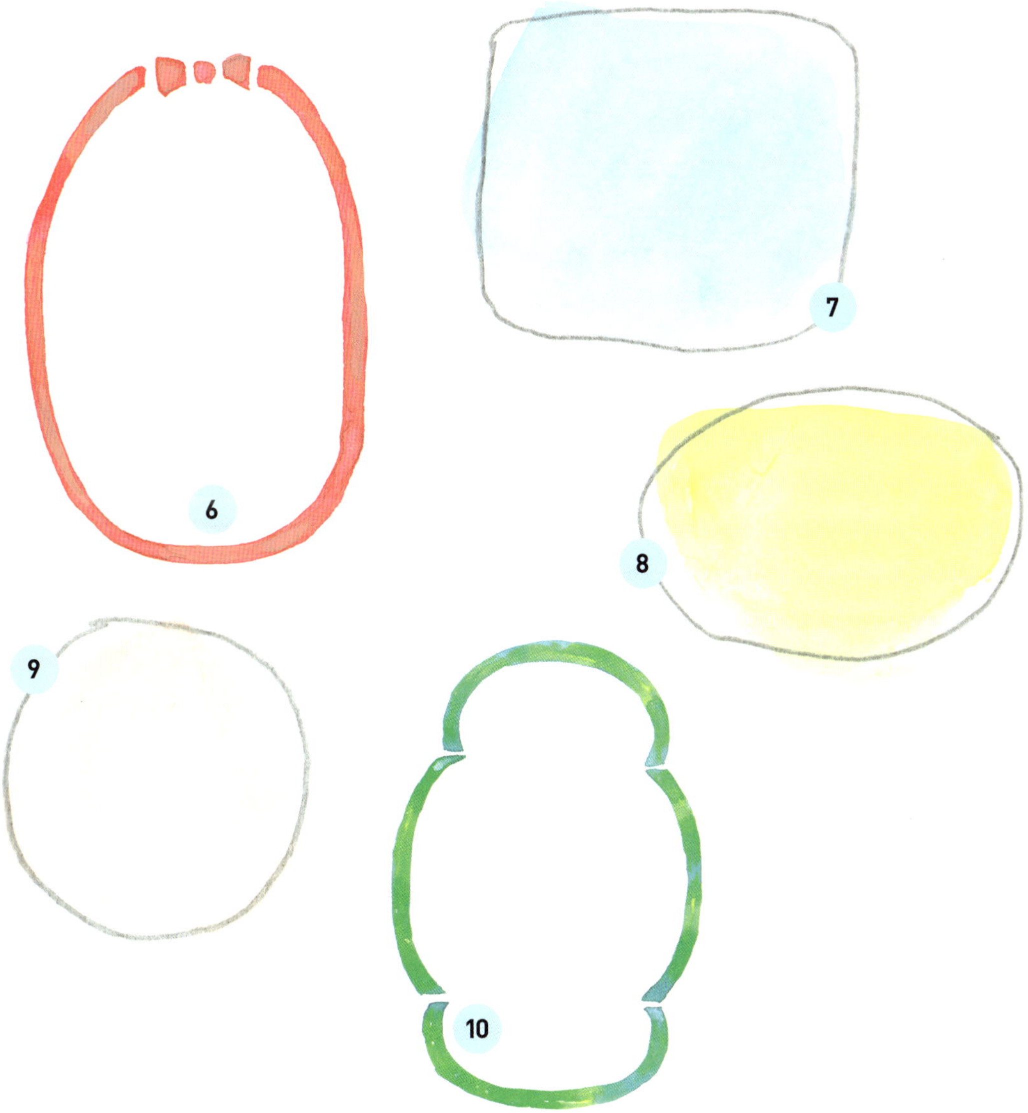

2 이야기 듣고 맞추기

이야기를 잘 듣고 질문에 답하세요.

1. 아기 양의 지혜

정답

1

2

3

4

2. 여우와 포도

정답

1

2

3

4

날짜:　　　　년　　월　　일

3. 여우와 두루미

정답

1

2

3

4

3 손뼉 치기

들려주는 이야기를 들으면서 지시한 단어가 나오면 손뼉을 치세요.

아기가 나올 때마다 손뼉을 치세요.
아기는 몇 번 나왔나요?

______ 번

《엉금엉금, 깡충깡충》, 신연미 글·김경숙 그림, 주니어김영사

날짜:　　　년　　월　　일

달이 나올 때마다 손뼉을 치세요.
달은 몇 번 나왔나요?

______ 번

《달려라, 달려!》, 신연미 글·이현주 그림, 주니어김영사

4 다른 단어 찾기

들려주는 이야기를 잘 들으며 이야기와 다른 단어에 밑줄을 그어주세요.

집에 돌아온 하늘이는 안 쓰는 물건을 찾아보았어요.

어렸을 때 산 장난감 자동차도 있고

작년에 재미있게 읽었던 그림책도 있어요.

지금도 잘 타고 다니는 자전거도 생각났어요.

작년에 새로 산 연필도 열 자루나 돼요.

“선생님이 안 쓰는 물건을 가져오라고 하셨는데…….”

자전거는 지금도 타는 물건이니까 팔면 안 되겠죠?

어떤 물건을 팔면 좋을까요?

하늘이는 곰곰이 생각하다가 드디어 마음을 정했어요.

날짜: 년 월 일

"그래, 장난감 자동차랑 그림책 그리고 연필로 결정!"

"이제 물건의 가격을 어떻게 정하지?"

장난감 자동차와 그림책, 연필을 보며 골똘히 생각했어요.

"장난감 자동차는 내가 네 살 때 산 거니까 싸게 팔아야지."

"그림책은 아직도 새 책 같으니까 좀 비싸게."

"연필은 정말 새것이니까 그림책보다 비싸게 정하자."

하늘이는 물건을 하나씩 살펴보며 가격을 정했어요.

장난감 자동차는 200원, 그림책은 300원, 연필은 400원이에요.

"이 정도 가격이면 모두 팔릴 거야!"

하늘이는 자신만만했어요.

다른 단어의 개수는 모두 몇 개일까요? ______ 개

《우리 반에 알뜰 시장이 열려요》, 이기규 글 · 심윤정 그림, 주니어김영사

1 다섯 고개 넘기

이야기하는 것을 잘 듣고, 알맞은 사물의 이름을 쓰세요.

날짜:　　　년　　월　　일

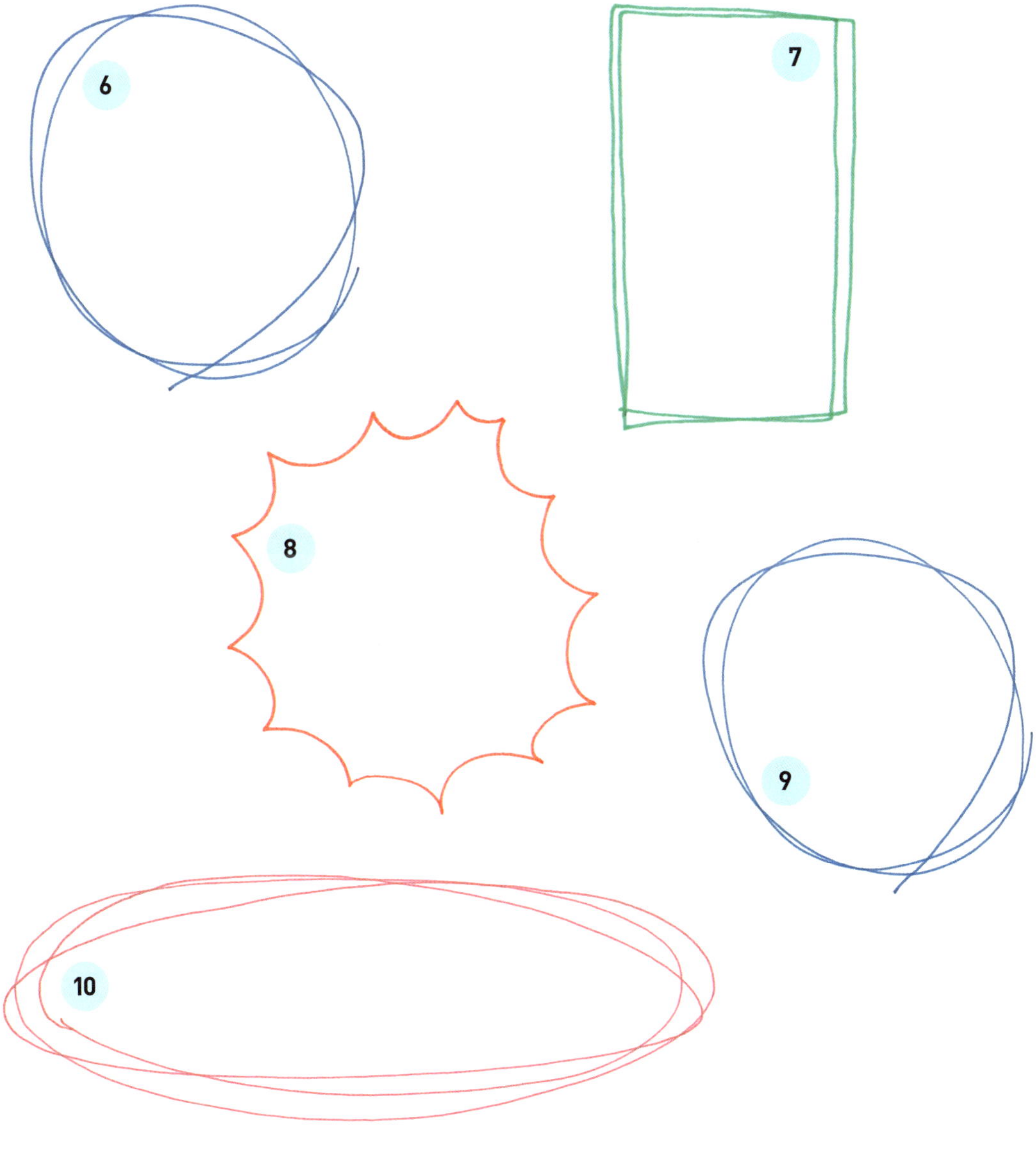

2 이야기 듣고 맞추기

이야기를 잘 듣고 질문에 답하세요.

1. 훈장님과 꾀돌이

정답

1

2

3

4

2. 번데기의 변신

정답

1

2

3

4

날짜:　　　년　　월　　일

3. 호랑이의 결혼

정답

1

2

3

4

3 손뼉 치기

들려주는 이야기를 들으면서 지시한 단어가 나오면 손뼉을 치세요.

동물이 나올 때마다 손뼉을 치세요.
동물은 몇 번 나왔나요?

______ 번

《토끼와 자라》, 채보금 글 · 송선옥 그림, 주니어김영사

날짜:　　　년　　월　　일

가가 나올 때마다 손뼉을 치세요.
가는 몇 번 나왔나요?

______ 번

《반짝반짝 반짝이 가방》, 홍지연 글·이명선 그림, 주니어김영사

청각 집중력
2단계

4 다른 단어 찾기

들려주는 이야기를 잘 들으며 이야기와 다른 단어에 밑줄을 그어주세요.

어느덧 11월이 되었어요.

세 사람이 여행을 떠난 지 벌써 열 달이 흘렀어요.

그들이 독일에 도착했을 때는 매서운 바람이 부는 추운 날씨가 계속되고 있었어요.

셋 중 나이가 가장 많은 멜키오르는 몸 상태가 많이 안 좋았어요.

"에취, 에취! 콜록콜록."

감기에 걸려 열도 많이 나고 기침도 끊이지 않았어요.

하지만 발타사르는 새로 도착한 곳을 여기저기 돌아다니고 싶었어요.

마을은 동화 속에 나오는 마을같이 아기자기하고 예뻤거든요.

사람 모양과 집 모양, 동물 모양의 조각들이 마을 곳곳의 나무에 매달려 있었어요.

"오호! 이것들이 뭘까? 아하, 과자로 만들었네. 신기하다!"

거리에서 과자를 팔고 있는 사람들이 있었는데 이 과자가 진저브레드래요.

발타사르는 진저브레드를 한 봉지 산 후 하나를 먹어 봤어요.

날짜: 년 월 일

달콤하면서도 쌉싸래한 생강 맛이 살짝 나는 게 맛있었어요.

감기로 힘들어하는 멜키오르에게 도움이 될 것 같았어요.

발타사르는 멜키오르에게 따뜻한 물과 진저브레드를 건넸어요.

멜키오르는 맛있게 먹고는 행복한 표정으로 잠이 들었어요.

두 사람도 멜키오르가 빨리 낫기를 바라며 잠자리에 들었답니다.

독일의 진저브레드는 아이들이 간식으로 자주 먹는 생강 과자예요.

겨울철에 아이들의 감기를 예방하기 위해 꿀과 생강을 넣어 만들지요.

크리스마스 철에는 사람, 집, 동물 등 다양한 모양으로 만들어 나무에 걸어 장식해요.

2미터가 넘는 큰 산타클로스 모양의 진저브레드를 구워

학교에서 나누어 먹기도 해요.

다른 단어의 개수는 모두 몇 개일까요? ______ 개

《왕의 빵을 드립니다》 레지나 글 · 그림, 주니어김영사

1 다섯 고개 넘기

이야기하는 것을 잘 듣고, 알맞은 사물의 이름을 쓰세요.

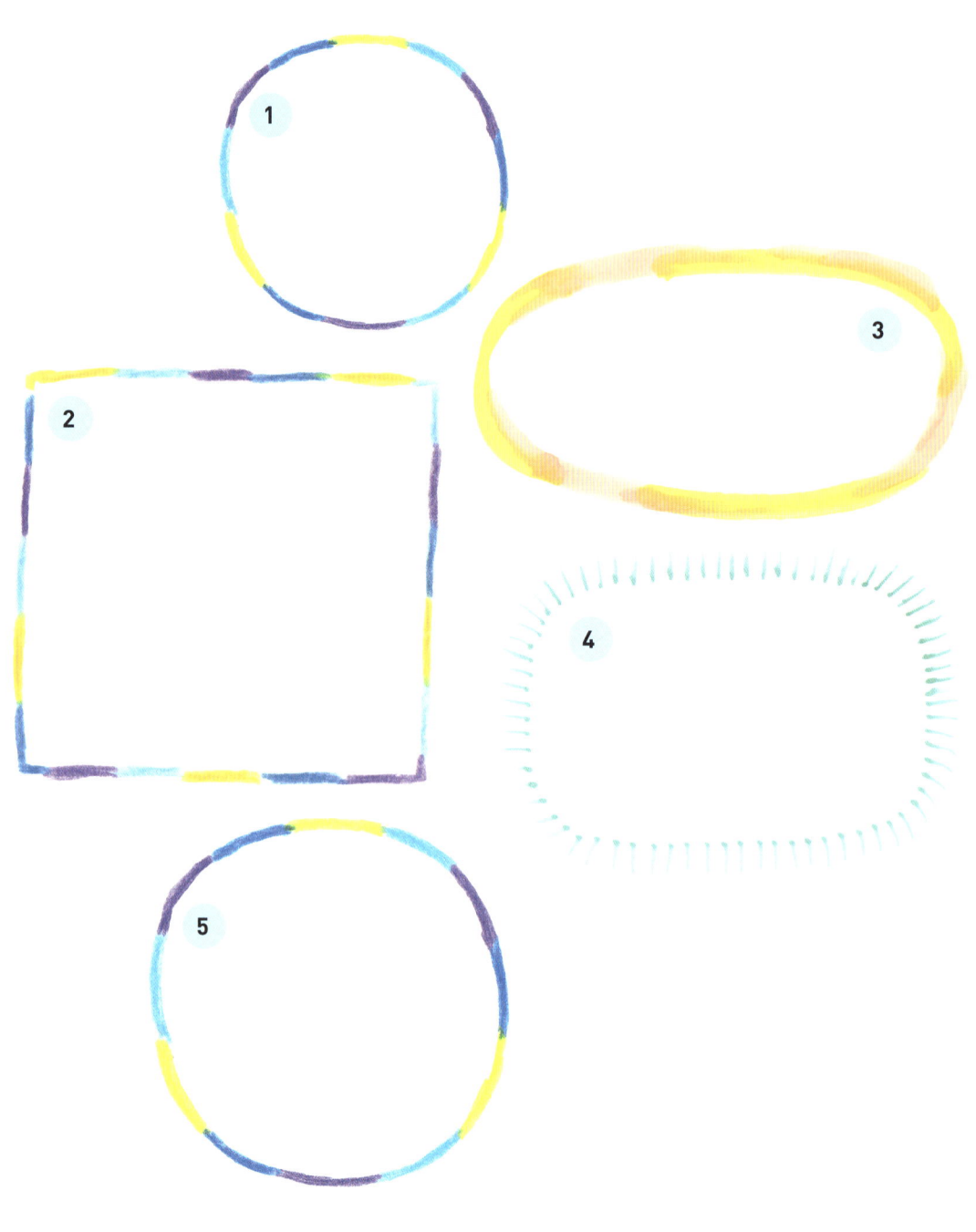

1

3

2

4

5

청각 집중력

3단계

날짜: 년 월 일

6

7

8

10

9

2 이야기 듣고 맞추기

이야기를 잘 듣고 질문에 답하세요.

1. 장난꾸러기 신랑

정답

1

2

3

4

2. 피터와 호랑이

정답

1

2

3

4

날짜:　　　　년　　월　　일

3. 경복궁

정답

1

2

3

4

3 손뼉 치기

들려주는 이야기를 들으면서 지시한 단어가 나오면 손뼉을 치세요.

리가 나올 때마다 손뼉을 치세요.
리는 몇 번 나왔나요? ______ 번

《구비구비 옛이야기》, 〈닷 근짜리 콩과 서 근짜리 팥〉, 윤동재 글 · 김송이 그림, 주니어김영사

청각 집중력
3단계

날짜:　　　　년　　월　　일

다가 나올 때마다 손뼉을 치세요.
다는 몇 번 나왔나요?　　　　　　　　　＿＿＿ 번

《소파에 딱 붙은 아빠》, 박설연 글 · 김미연 그림, 주니어김영사

4 다른 단어 찾기

들려주는 이야기를 잘 들으며 이야기와 다른 단어에 밑줄을 그어주세요.

동생은 스님을 다락방에 숨겨주었다.

동생네 다락방에 숨어 하루 종일 일없이 지내던 스님은

어느 날 먹다 남은 밥알을 뭉쳐 아주 작은 괴물 모양의 인형을 만들었다.

그런데 이 괴물이 스스로 살아나 다락방 구석구석을 돌아다니며

무엇이든 닥치는 대로 먹어 치우기 시작했다. 괴물이 처음 먹은 것은

다락방의 먼지였다. 그러다 바늘 하나를 날름 먹더니 그 뒤로는

못, 숟가락, 젓가락 등 모든 쇠붙이를 다 먹게 되었다.

쇠붙이를 먹으면 먹을수록 괴물의 덩치는 점점 커졌다.

괴물은 집 안에 더 먹어 치울 쇠붙이가 없자 다락방을 떠나 거리로 나갔다.

괴물이 다락방에서 나가자 스님도 짐을 꾸렸다.

"그동안 고마웠다. 이건 내 조그만 선물이니 나중에 도성에 큰일이 나거든 펴 보아라."

스님은 동생에게 쪽지 하나를 남기고 남쪽으로 떠났다.

스님이 떠나고 난 다음 날부터 주변 마을이 시끌시끌해졌다.

"자네 집 농기구는 멀쩡한가?"

"아이고, 말도 말게. 쟁기며 도끼, 호미까지 모두 사라져 버렸다네.

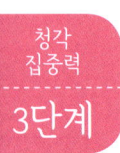

날짜:　　　년　　월　　일

그런데 이게 도대체 무슨 일인가?"

괴물이 마을을 돌아다니며 쇠붙이를 싹 먹어 치우자

백성은 그 까닭을 알지 못해 다들 불안에 떨었다.

얼마 뒤 온갖 쇠붙이를 먹어 치우며 점점 몸집을 불린 괴물이

마침내 도성에 나타났다.

"저게 뭐지?"

집채만큼 커진 괴물을 보고 백성은 놀라서 돌을 집어 던지며 몸을 피했다.

하지만 돌은 괴물의 몸에 아무런 상처도 내지 못했다.

"도성 안에 괴물이 나타났다!"

백성이 놀라 소리치자 마침내 도성을 지키는 군사들이 나섰다.

"저놈을 잡아라!"

군사들은 칼과 창을 들고 괴물과 맞서 싸웠다.

다른 단어의 개수는 모두 몇 개일까요? ______ 개

청각 집중력 3단계

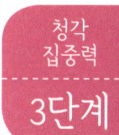

《우리나라 설화와 전설》, 〈불가사리〉 송윤섭 글 · 이용규 그림, 주니어김영사

1
사물 기억하기

2
탐정 놀이

3
머릿속으로 계산하기

4
기호 계산

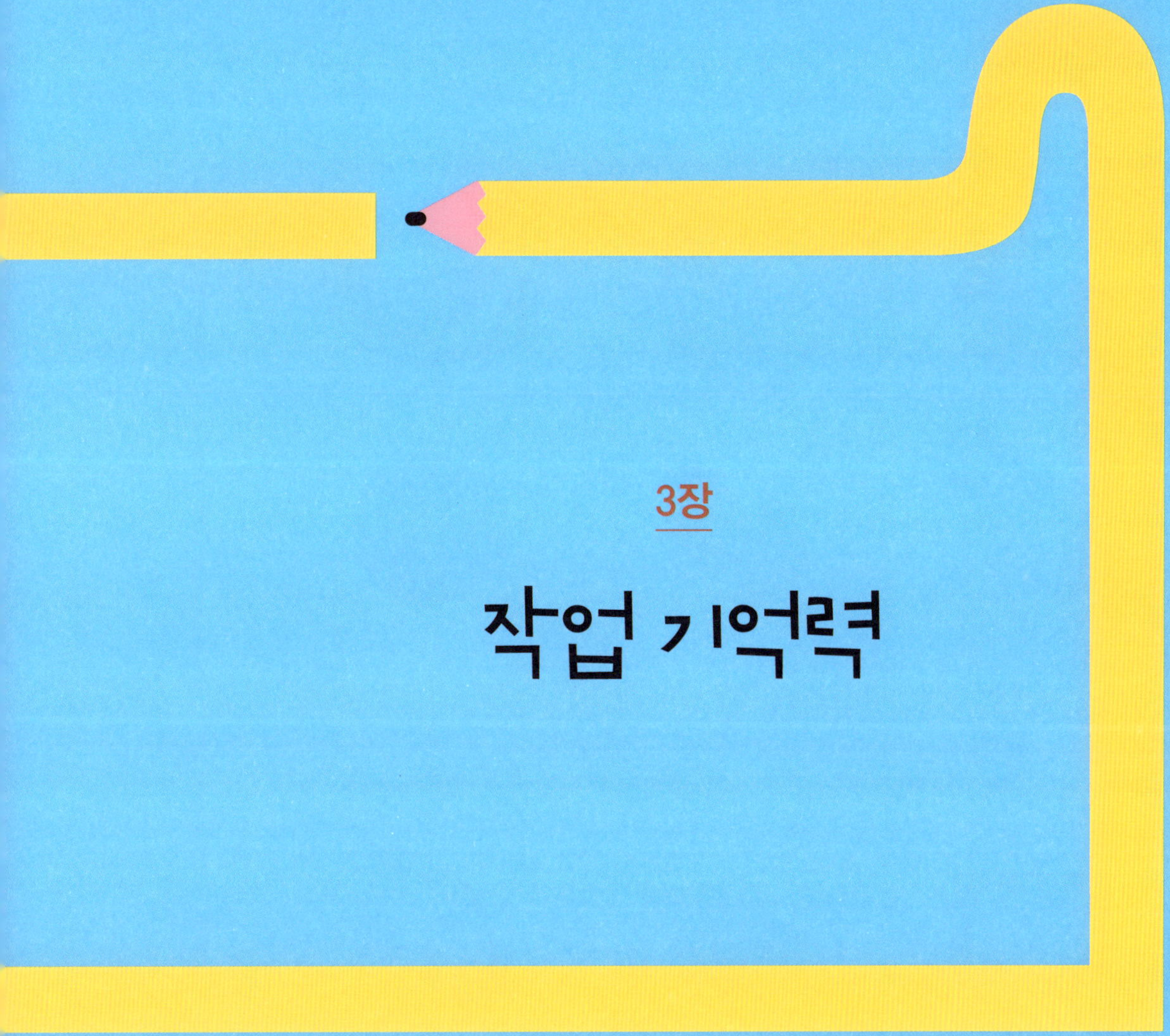

3장

작업 기억력

1 사물 기억하기

불러주는 것을 잘 듣고 순서를 기억해서 그림 옆에 숫자를 쓰세요.
불러주지 않은 것에는 ×표를 하세요.

날짜:　　　년　　월　　일

작업 기억력
1단계

1 사물 기억하기

불러주는 것을 잘 듣고 순서를 기억해서 그림 옆에 숫자를 쓰세요.
불러주지 않은 것에는 ×표를 하세요.

날짜: 년   월   일

작업 기억력

1단계

2 탐정 놀이

탐정처럼 이야기를 잘 듣고 찾아야 하는 것에 표시하세요.

작업 기억력

1단계

날짜:　　　　년　　월　　일

작업
기억력
1단계

2 탐정 놀이

탐정처럼 이야기를 잘 듣고 찾아야 하는 것에 표시하세요.

작업 기억력

1단계

날짜:　　　　년　　월　　일

작업 기억력

1단계

3 머릿속으로 계산하기

들려주는 문제를 잘 듣고 머릿속으로 계산해서 답을 쓰세요.
종이와 연필을 이용하지 않고 암산해야 합니다. 문제는 한 번만 들려줍니다.

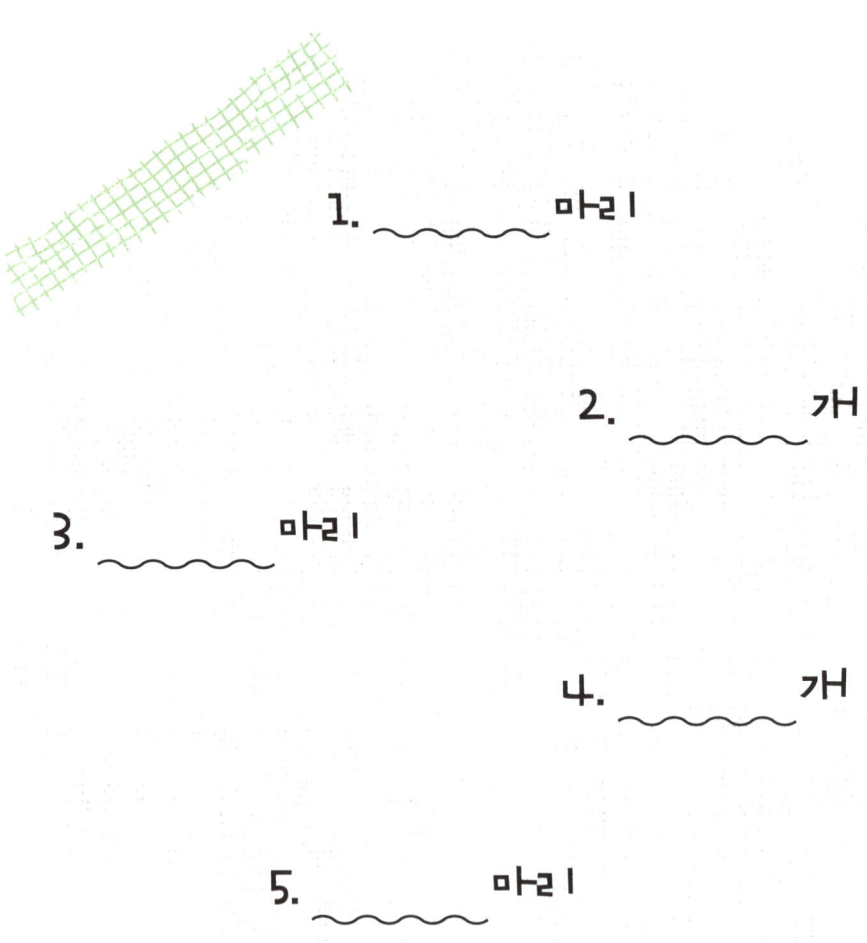

1. ______ 마리

2. ______ 개

3. ______ 마리

4. ______ 개

5. ______ 마리

날짜: 년 월 일

6. ______ 개

7. ______ 개

8. ______ 개

9. ______ 마리

10. ______ 자루

4 기호 계산

짝이 되는 기호와 숫자를 잘 기억해서 기호로 된 계산 문제를 풀어봅시다.
기호 밑에 숫자를 쓴 후 계산하는 것은 안 됩니다. 정답은 숫자로 써주세요.

보기

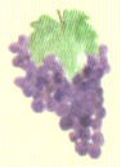				
1	2	3	4	5

 +  = ☐

 +  = ☐

 +  = ☐

작업 기억력
1단계

날짜: 년   월   일

 −  = □

 +  = □

 −  = □

 −  = □

 +  = □

4 기호 계산

짝이 되는 기호와 숫자를 잘 기억해서 기호로 된 계산 문제를 풀어봅시다.
기호 밑에 숫자를 쓴 후 계산하는 것은 안 됩니다. 정답은 숫자로 써주세요.

보기

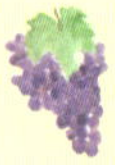				
1	2	3	4	5

 −  = □

 −  = □

 +  = □

작업 기억력
1단계

날짜:　　　　년　　　월　　　일

 −  =

 +  =

 −  =

 +  =

 +  =

1 사물 기억하기

불러주는 것을 잘 듣고 순서를 기억해서 그림 옆에 숫자를 쓰세요.
불러주지 않은 것에는 ×표를 하세요.

날짜: 년 월 일

1 사물 기억하기

불러주는 것을 잘 듣고 순서를 기억해서 그림 옆에 숫자를 쓰세요.
불러주지 않은 것에는 ×표를 하세요.

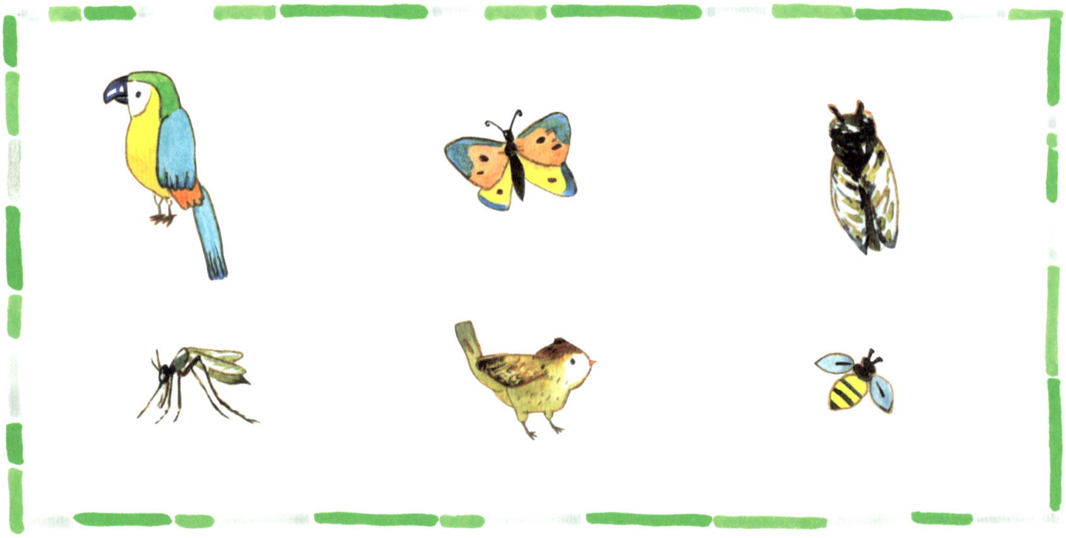

작업 기억력
2단계

날짜:　　　년　　월　　일

2 탐정 놀이

탐정처럼 이야기를 잘 듣고 찾아야 하는 것에 표시하세요.

작업 기억력
2단계

날짜:　　　　년　　　월　　　일

작업 기억력

2단계

2 탐정 놀이

탐정처럼 이야기를 잘 듣고 찾아야 하는 것에 표시하세요.

날짜: 년 월 일

3 머릿속으로 계산하기

들려주는 문제를 잘 듣고 머릿속으로 계산해서 답을 쓰세요.
종이와 연필을 이용하지 않고 암산해야 합니다. 문제는 한 번만 들려줍니다.

1. ______ 권

2. ______ 명

3. ______ 개

4. ______ 명

5. ______ 개

6. ~~~~~~ 자루

7. ~~~~~~ 개

8. ~~~~~~ 권

9. ~~~~~~ 개

10. ~~~~~~ 명

4 기호 계산

짝이 되는 기호와 숫자를 잘 기억해서 기호로 된 계산 문제를 풀어봅시다.
기호 밑에 숫자를 쓴 후 계산하는 것은 안 됩니다. 정답은 숫자로 써주세요.

보기

1	2	3	4	5	6	7	8	9

 +  = □

 −  = □

 −  = □

날짜:　　　　년　　월　　일

 −  = □

 +  = □

 −  = □

 +  = □

 +  = □

4 기호 계산

짝이 되는 기호와 숫자를 잘 기억해서 기호로 된 계산 문제를 풀어봅시다.
기호 밑에 숫자를 쓴 후 계산하는 것은 안 됩니다. 정답은 숫자로 써주세요.

보기

1	2	3	4	5	6	7	8	9

 −  = ☐

 +  = ☐

 +  = ☐

작업 기억력
2단계

날짜:　　　년　　월　　일

 −  = □

 +  = □

 −  = □

 +  = □

 +  = □

1 사물 기억하기

불러주는 것을 잘 듣고 순서를 기억해서 그림 옆에 숫자를 쓰세요.
불러주지 않은 것에는 ×표를 하세요.

날짜: 년 월 일

1 사물 기억하기

불러주는 것을 잘 듣고 순서를 기억해서 그림 옆에 숫자를 쓰세요.
불러주지 않은 것에는 ×표를 하세요.

날짜: 년 월 일

2 탐정 놀이

탐정처럼 이야기를 잘 듣고 찾아야 하는 것에 표시하세요.

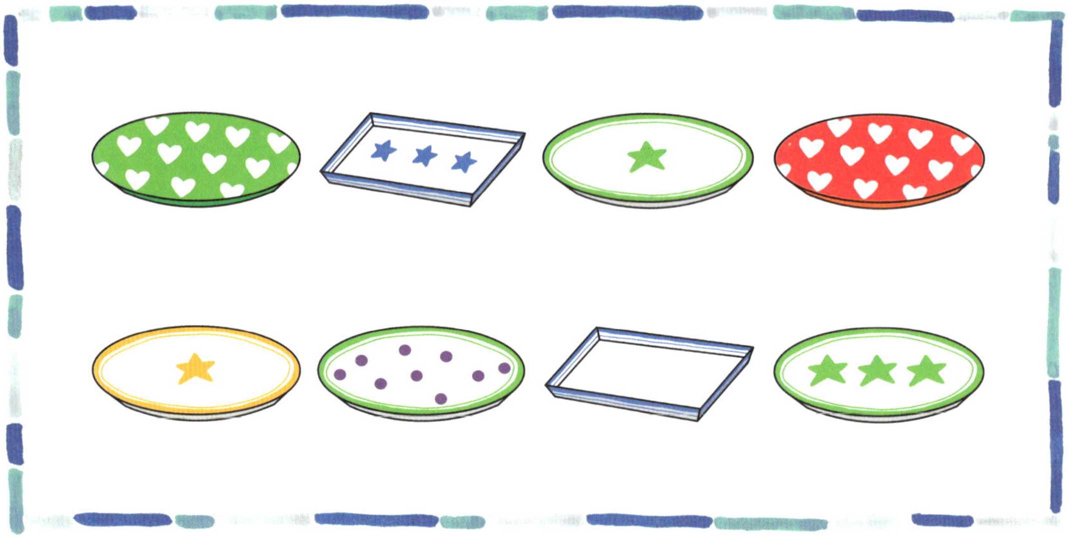

날짜: 년 월 일

작업 기억력

3단계

2 탐정 놀이

탐정처럼 이야기를 잘 듣고 찾아야 하는 것에 표시하세요.

날짜: 년 월 일

5 5 5
5 5 5 5
5 5 5
1234
56789
7 7 7
7 7 7 7
1234
6789
1234
6789
5 5 5
5 5 5 5
5 5 5
1234
56789
1234
6789

3 머릿속으로 계산하기

들려주는 문제를 잘 듣고 머릿속으로 계산해서 답을 쓰세요.
종이와 연필을 이용하지 않고 암산해야 합니다. 문제는 한 번만 들려줍니다.

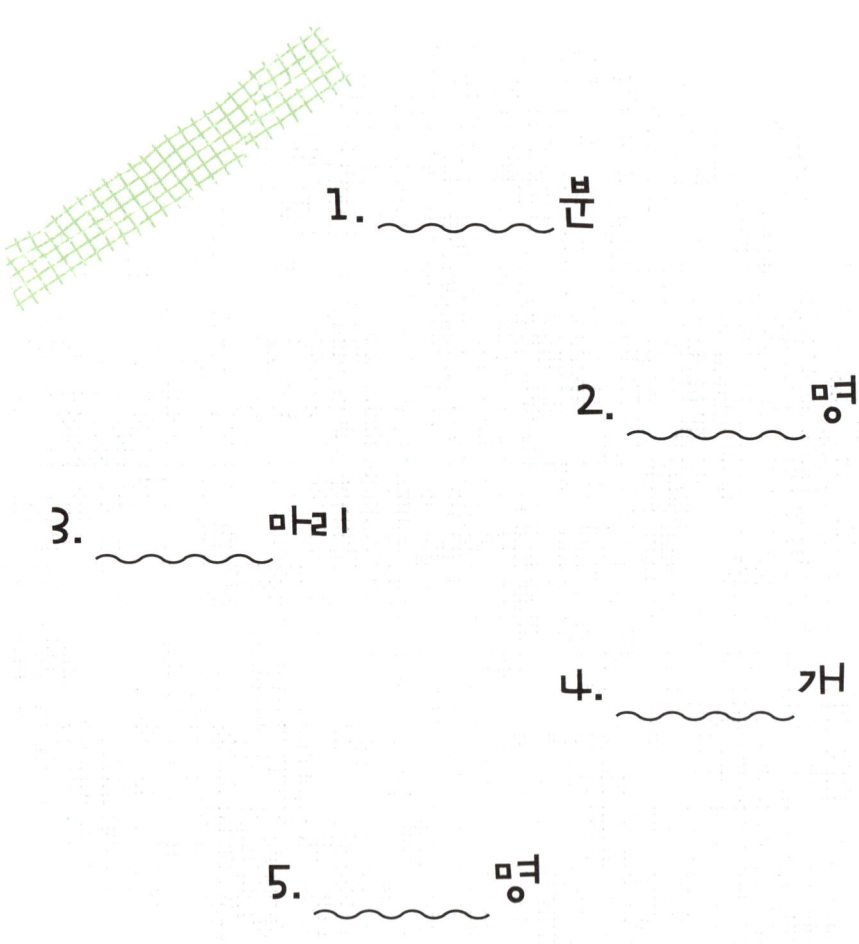

1. ______ 분

2. ______ 명

3. ______ 마리

4. ______ 개

5. ______ 명

날짜: 년 월 일

6. ______ 개

7. ______ 원

8. ______ 개

9. ______ 마리

10. ______ 명

4 기호 계산

짝이 되는 기호와 숫자를 잘 기억해서 기호로 된 계산 문제를 풀어봅시다.
기호 밑에 숫자를 쓴 후 계산하는 것은 안 됩니다. 정답은 숫자로 써주세요.

날짜: 년 월 일

작업 기억력 3단계

4 기호 계산

짝이 되는 기호와 숫자를 잘 기억해서 기호로 된 계산 문제를 풀어봅시다.
기호 밑에 숫자를 쓴 후 계산하는 것은 안 됩니다. 정답은 숫자로 써주세요.

보기

1	2	3	4	5	6	7	8	9

작업 기억력

3단계

날짜: 년 월 일

작업 기억력

3단계

1

숫자 세기

2

암호 해독

3

지그재그 연결하기

4

카드 순서 맞추기

4장

지속적 집중력

1 숫자 세기

각 기호의 개수를 세어주세요. 천천히 한 줄씩 세어보세요.

______ 초

지속적 집중력

1단계

날짜: 년 월 일

______초

2 암호 해독

암호를 해독해주세요.
문자와 짝이 되는 기호를 보고 한 글자씩 암호를 풀면 됩니다.

ㄱ	ㄴ	ㄷ	ㄹ	ㅁ	ㅂ	ㅅ	ㅇ	ㅈ	ㅊ	ㅋ	ㅌ	ㅍ	ㅎ
▲	♥	▽	=	◆	◎	♪	◈	●	□	♡	♭	▣	◐

ㅏ	ㅑ	ㅓ	ㅕ	ㅗ	ㅛ	ㅜ	ㅠ	ㅡ	ㅣ
◇	△	∧	$	¤	∩	÷	~	⊙	∞

1. ◐ ◇ ∞ ◈ ◎ ¤ ▲ ◐ ◇ ♥

◈ ÷ = ∞ ▲ ◇ ● ¤ ▲.

2. ◆ ◇ ♥ ♥ ◇ ♪ ∧

◎ ◇ ♥ ▲ ◇ ◎ ♪ ⊙ ◎ ♥ ∞ ▽ ◇.

지속적 집중력
1단계

날짜:　　　년　　월　　일

3 ●⦿＝▲∧◈÷♥

♪¤▣÷◈◈⦿＝　▲◇◈∩.

4 ♥◇◎∞◈△　◐÷∧＝◐÷∧＝

♥◇＝◈◇＝◇.

5 ♪¤●÷◈◐◇♥

♥◇∞　□∞♥▲÷.

지속적 집중력

1단계

3 지그 재그 연결하기

1부터 9까지의 숫자를 순서대로 연결해주세요.
단, 보기처럼 색깔과 숫자를 바꾸어 가며 선을 그어주세요.

초록색, 노란색 순으로 연결하세요.

보기

______ 초

날짜:　　　　년　　월　　일

～～～～초

～～～～초

지속적 집중력
1단계

4 카드 순서 맞추기

그림을 잘 보고, 먼저 일어난 순서대로 번호를 쓰세요.

날짜:　　　년　　월　　일

지속적 집중력

1단계

4 카드 순서 맞추기

그림을 잘 보고, 먼저 일어난 순서대로 번호를 쓰세요.

날짜: 년 월 일

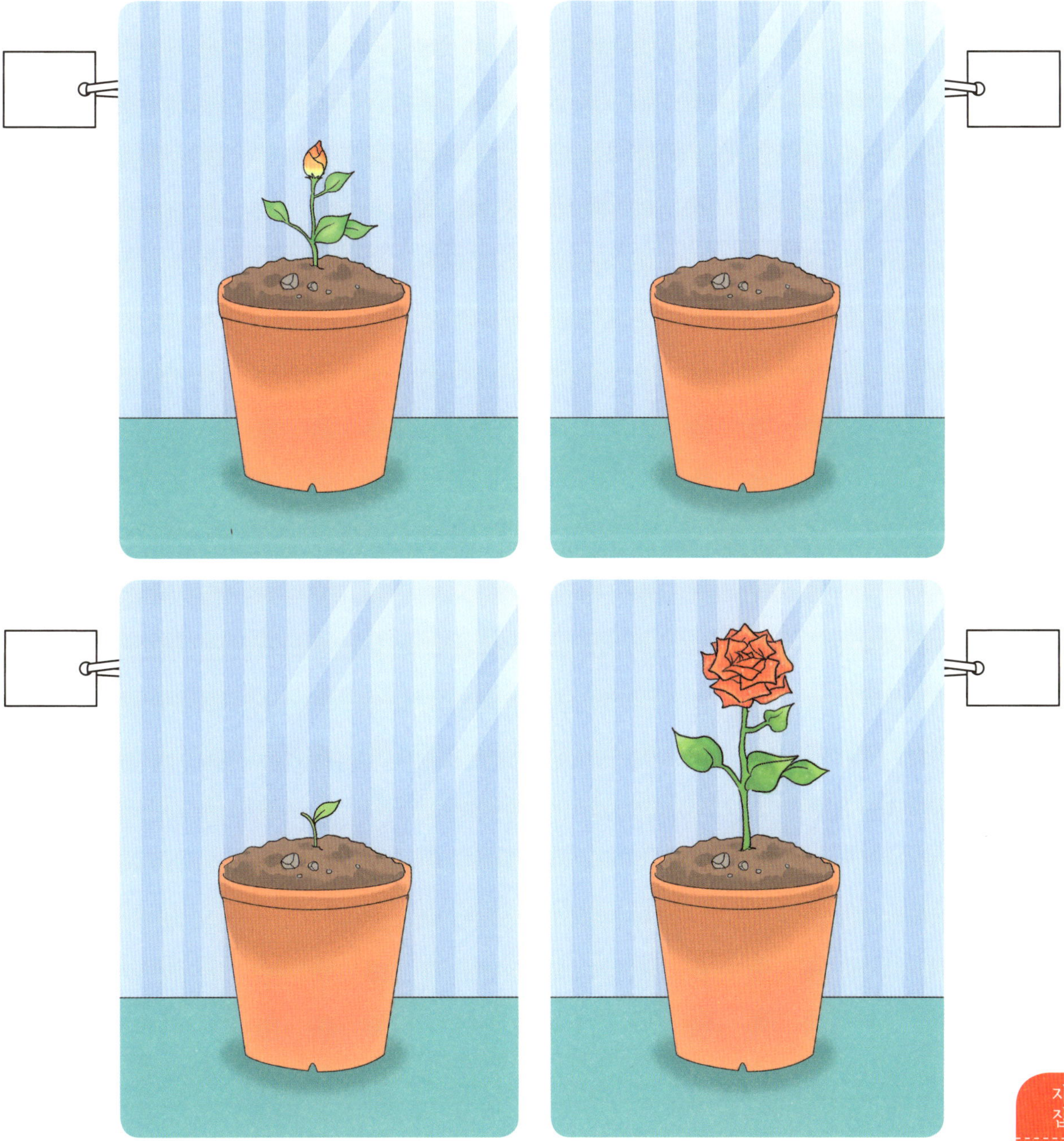

지속적 집중력
1단계

4 카드 순서 맞추기

그림을 잘 보고, 먼저 일어난 순서대로 번호를 쓰세요.

지속적 집중력

1단계

날짜:　　　년　　월　　일

4 카드 순서 맞추기

그림을 잘 보고, 먼저 일어난 순서대로 번호를 쓰세요.

지속적 집중력

1단계

날짜: 년 월 일

1 숫자 세기

각 기호의 개수를 세어주세요. 천천히 한 줄씩 세어보세요.

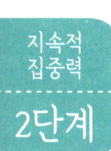

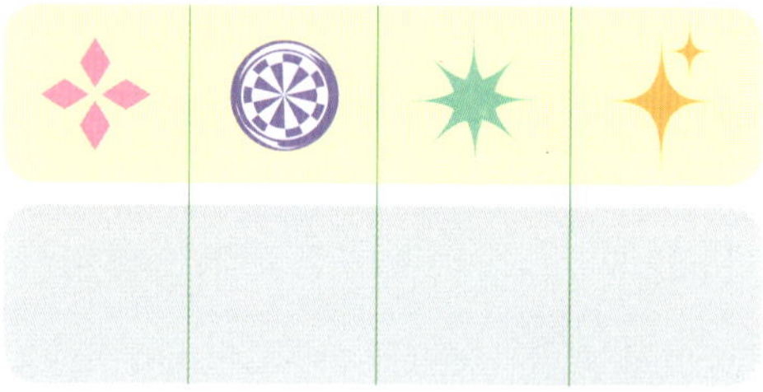

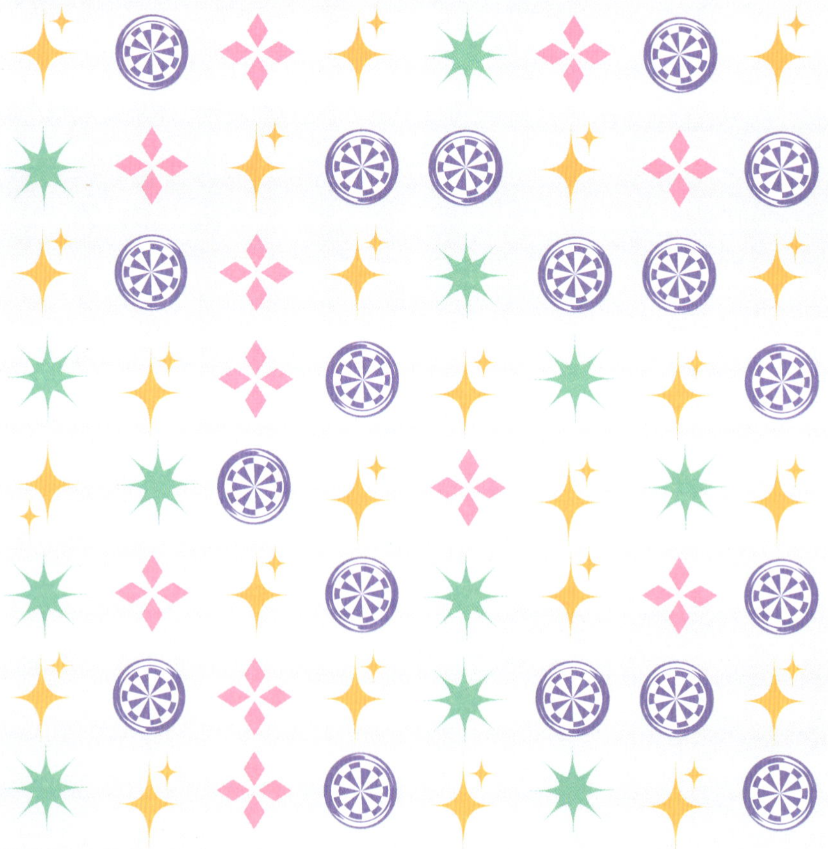

______ 초

날짜: 년 월 일

~~~~~~ 초
~~~~~~

2 암호 해독

암호를 해독해주세요.
문자와 짝이 되는 기호를 보고 한 글자씩 암호를 풀면 됩니다.

ㄱ	ㄴ	ㄷ	ㄹ	ㅁ	ㅂ	ㅅ	ㅇ	ㅈ	ㅊ	ㅋ	ㅌ	ㅍ	ㅎ
▲	♥	▽	=	◆	◎	♪	◈	●	□	♡	♭	▣	◐

ㅏ	ㅑ	ㅓ	ㅕ	ㅗ	ㅛ	ㅜ	ㅠ	ㅡ	ㅣ
◇	△	∧	$	¤	∩	÷	~	⊙	∞

1. ▲$◈◎¤▲▲÷◈◈⊙♥ ●¤♪∧♥♪∞▽◇∞

   ◈¤◇◈▽⊙=◈∞ ♪◇=▽∧♥ ▲¤♪◈∞◎♥∞▽◇.

2. ♪∞▲◆¤▲◈∞=◈∧∞♥⊙♥

   ♥◇◆÷=⊙= ♪∞◆◈∧◈∩.

날짜:　　　년　　월　　일

3 ▲¤◆◈⊙♥ ▲$◈÷=●◇◆◈⊙=

●◇♥⊙♥ ▽¤◈◆÷=◈∞◎♥∞▽◇.

4 ♥◇●◈∧∞♥⊙♥ ◐◇∞▲◇ ▽▽⊙▲¤

◎◇◆◈∧∞♥⊙♥ ▽◇=◈∞ ▽▽∧◈∩.

5 ♪∧∞●¤◈▽◇∞◈¤◇◈♥∞◆◈∞

◐◇♥▲⊙=◈⊙= ◆◇♥▽⊙♪$♪♪◈∧◈∩.

3 지그 재그 연결하기

1부터 9까지의 숫자를 순서대로 연결해주세요.
단, 보기처럼 색깔과 숫자를 바꾸어 가며 선을 그어주세요.

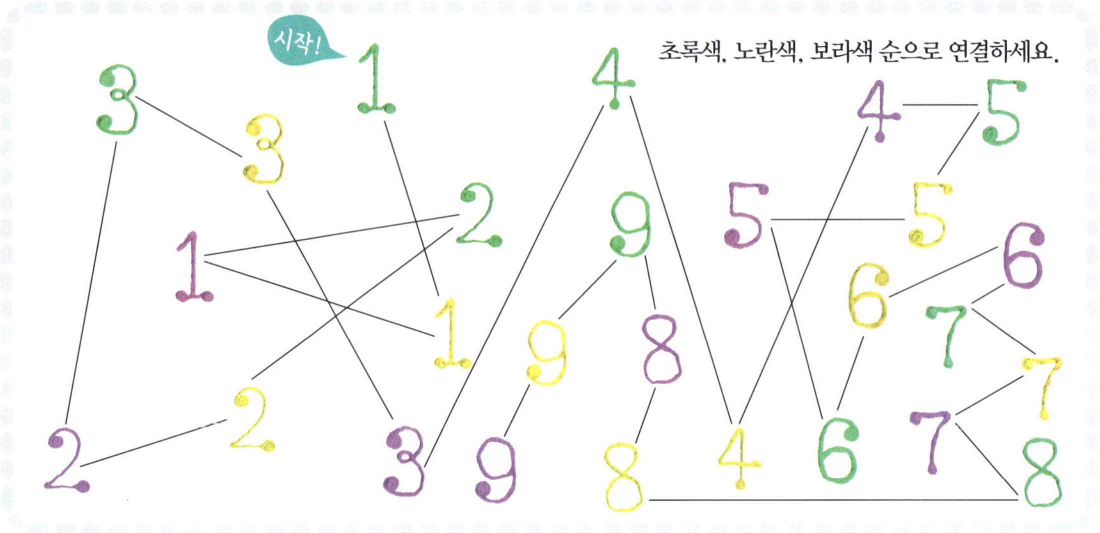
시작!
초록색, 노란색, 보라색 순으로 연결하세요.

보기

시작!

~~~~~~ 초
~~~~~~

날짜:　　　년　　월　　일

_____ 초

_____ 초

지속적 집중력

2단계

4 카드 순서 맞추기

그림을 잘 보고, 먼저 일어난 순서대로 번호를 쓰세요.

지속적 집중력

2단계

날짜: 년 월 일

지속적 집중력

2단계

4 카드 순서 맞추기

그림을 잘 보고, 먼저 일어난 순서대로 번호를 쓰세요.

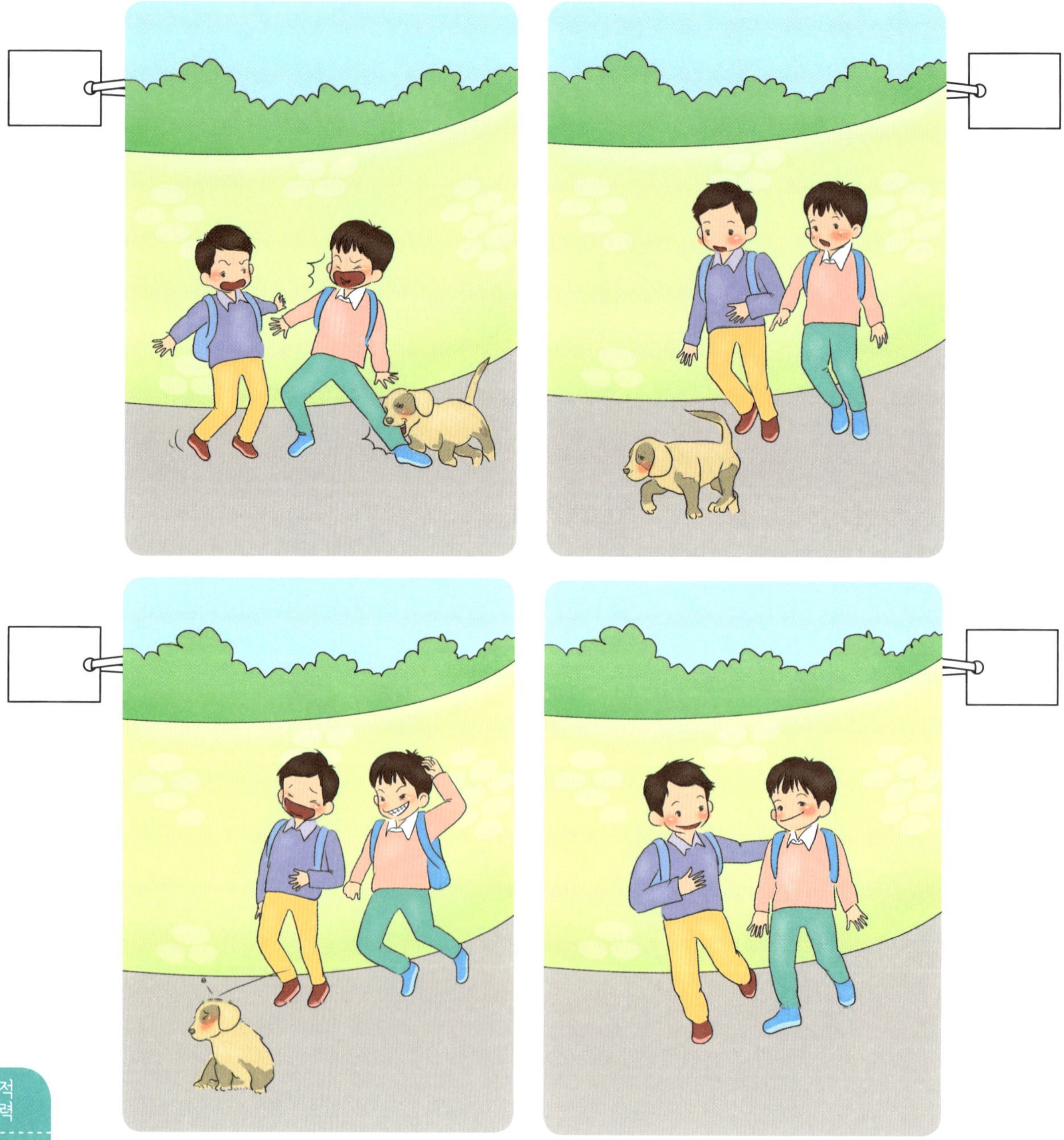

날짜:　　　년　　월　　일

4 카드 순서 맞추기

그림을 잘 보고, 먼저 일어난 순서대로 번호를 쓰세요.

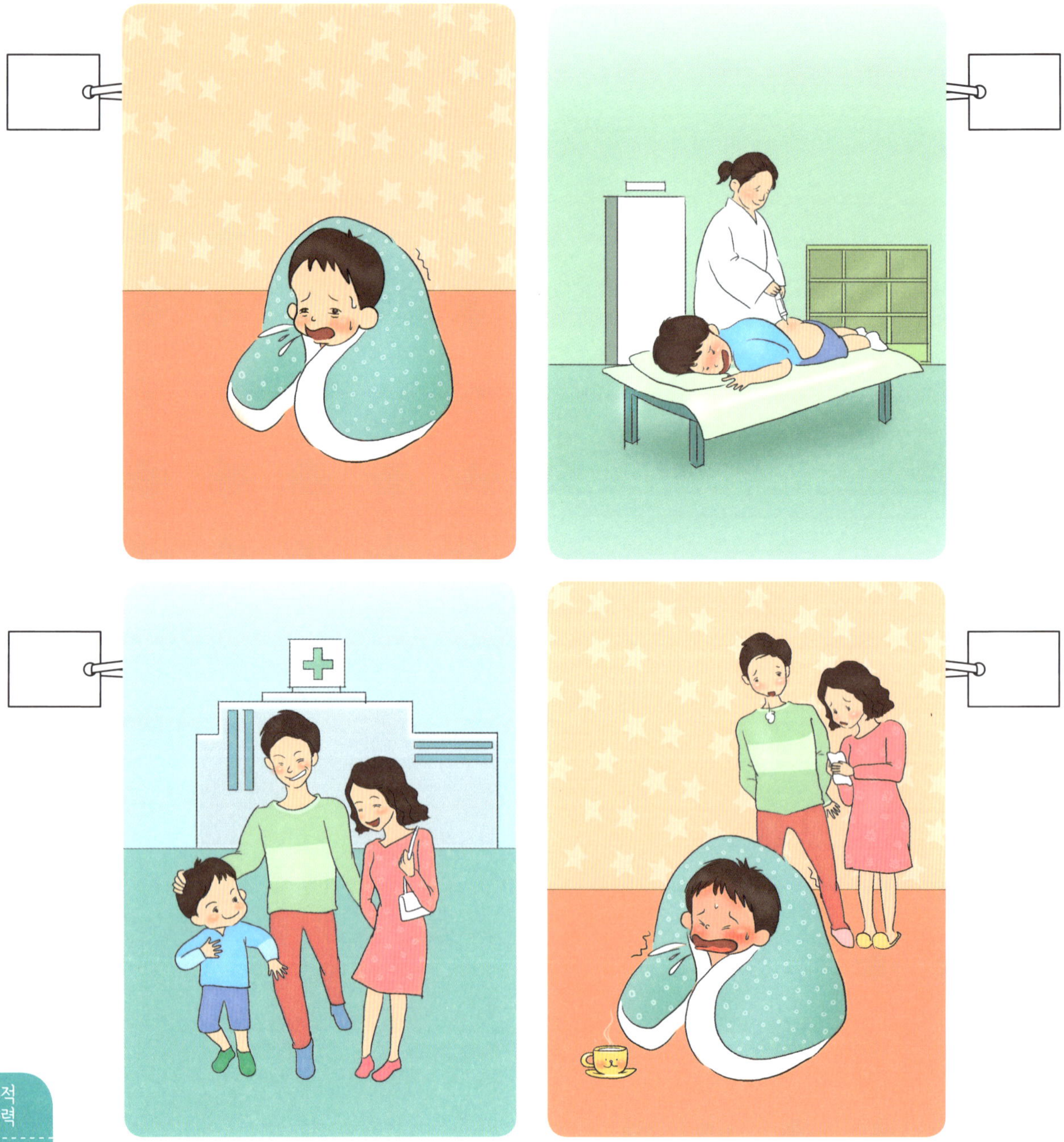

날짜: 년 월 일

4 카드 순서 맞추기

그림을 잘 보고, 먼저 일어난 순서대로 번호를 쓰세요.

날짜:　　　년　　월　　일

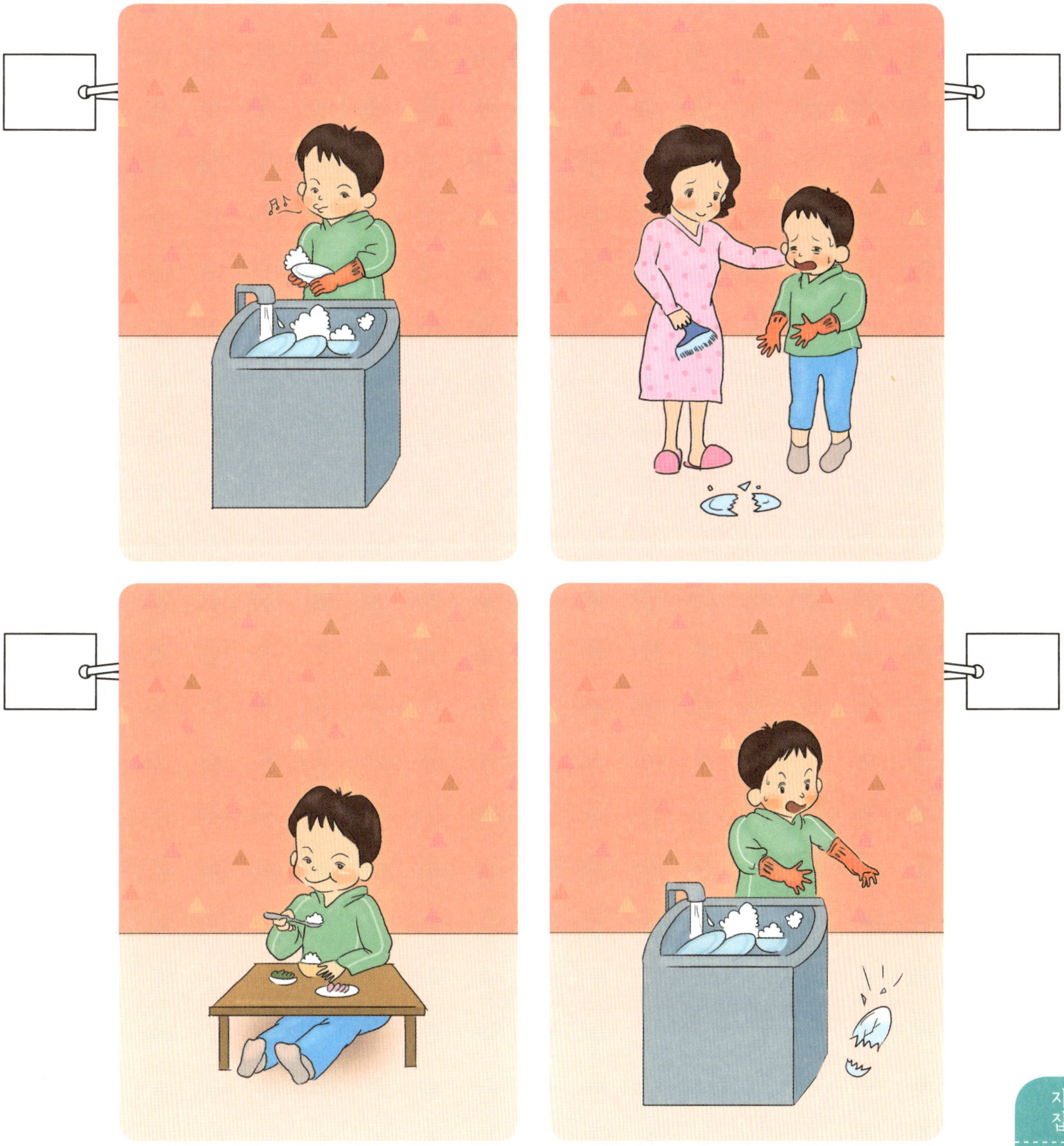

1 숫자 세기

각 기호의 개수를 세어주세요. 천천히 한 줄씩 세어보세요.

______초

날짜: 년 월 일

초

지속적 집중력

3단계

2 암호 해독

암호를 해독해주세요.
문자와 짝이 되는 기호를 보고 한 글자씩 암호를 풀면 됩니다.

ㄱ	ㄴ	ㄷ	ㄹ	ㅁ	ㅂ	ㅅ	ㅇ	ㅈ	ㅊ	ㅋ	ㅌ	ㅍ	ㅎ
▲	♥	▽	=	◆	◎	♪	◈	●	□	♡	♭	▣	◐

ㅏ	ㅑ	ㅓ	ㅕ	ㅗ	ㅛ	ㅜ	ㅠ	ㅡ	ㅣ
◇	△	∧	$	¤	∩	÷	~	⊙	∞

1. ◈∧◎∧◈∞♥◇=◈⊙♥ ◎÷◆¤♥∞◆◈⊙∞
◈⊙♥◐$∞◈∧∞ ▲◇◆♪◇◐◇♥⊙♥
♥◇=◈∞◈∧∞◈∩.

2. ◎◇=◆$◈◈¤◇◈ ◈∧∞▽∞♪⊙♥◈⊙♥ ♪∧∞▲$∞
□¤∞□¤=¤ ●∧♥▲÷=⊙= ◆◇♥▽⊙=◈∧♪♪◈∧◈∩.

지속적 집중력
3단계

날짜:　　　년　　월　　일

3 ♪◇▲$∞●∧＝◈∞　◈◇＝⊙◆▽◇◈÷♥
●∧∞●÷▽¤♥⊙♥　♪◇◆▽◇▽¤＝◇　◎÷＝＝∞◎♥∞▽◇.

4 ◎÷◆¤♥∞◆▲▲∧∞　◈∩◈▽¤♥◈⊙＝　◎◇▽◈⊙◆$♥
◈∩◈▽¤♥▲∞◈∞◎●◇◈◈∧∞　▲∞＝¤▲◈⊙＝
◐◇∞◈△◐◇◎♥∞▽◇.

5 ▲⊙＝∞♥◈∧∞♥∧●∞♥⊙♥　□∧◈●∧◈◐◇♥
●◇◈$♥◈⊙∞　◈∧∞♥∧●∞＝⊙＝　◆◇＝◐◇◎♥∞▽◇.

3 지그 재그 연결하기

1부터 9까지의 숫자를 순서대로 연결해주세요.
단, 보기처럼 색깔과 숫자를 바꾸어 가며 선을 그어주세요.

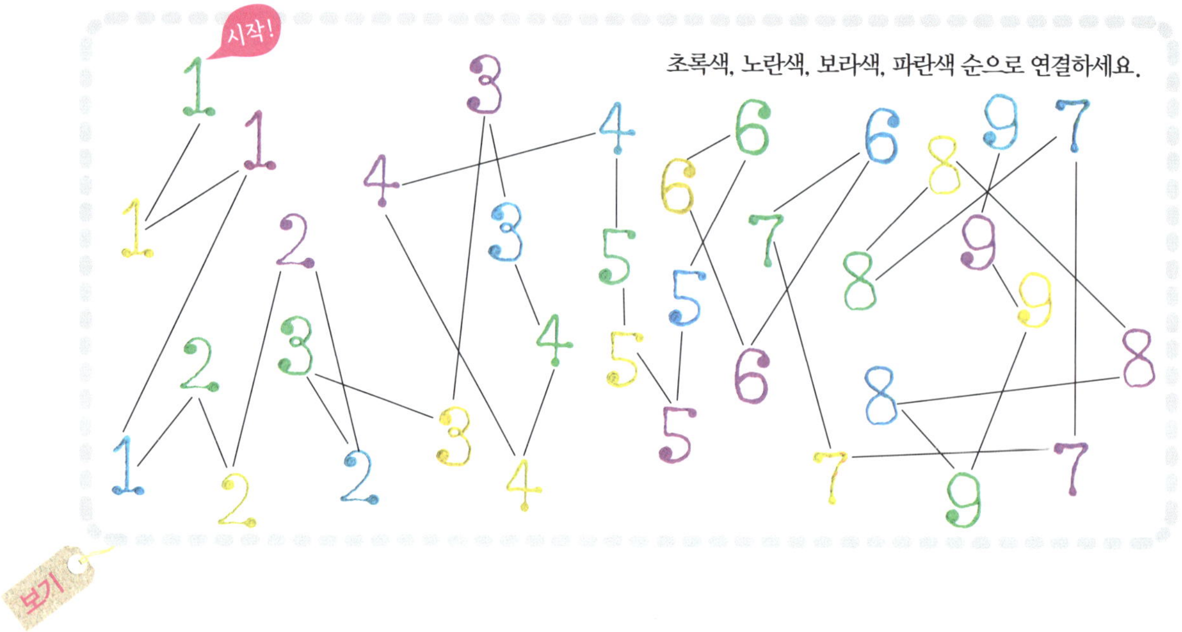
시작!
초록색, 노란색, 보라색, 파란색 순으로 연결하세요.
보기

시작!

______초

날짜: 년 월 일

초

초

지속적 집중력

3단계

4 카드 순서 맞추기

그림을 잘 보고, 먼저 일어난 순서대로 번호를 쓰세요.

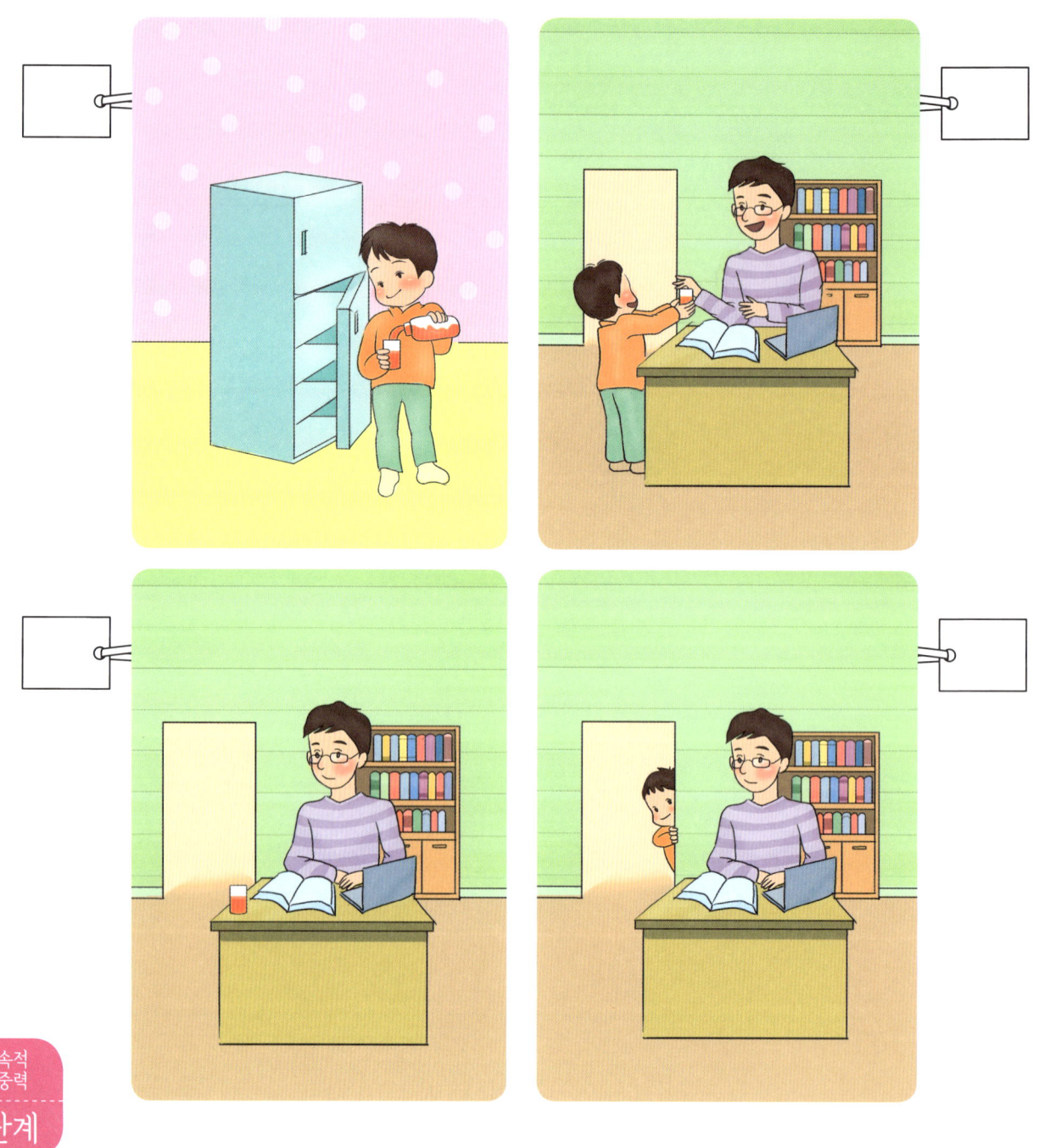

날짜:　　　　년　　월　　일

지속적 집중력
3단계

4 카드 순서 맞추기

그림을 잘 보고, 먼저 일어난 순서대로 번호를 쓰세요.

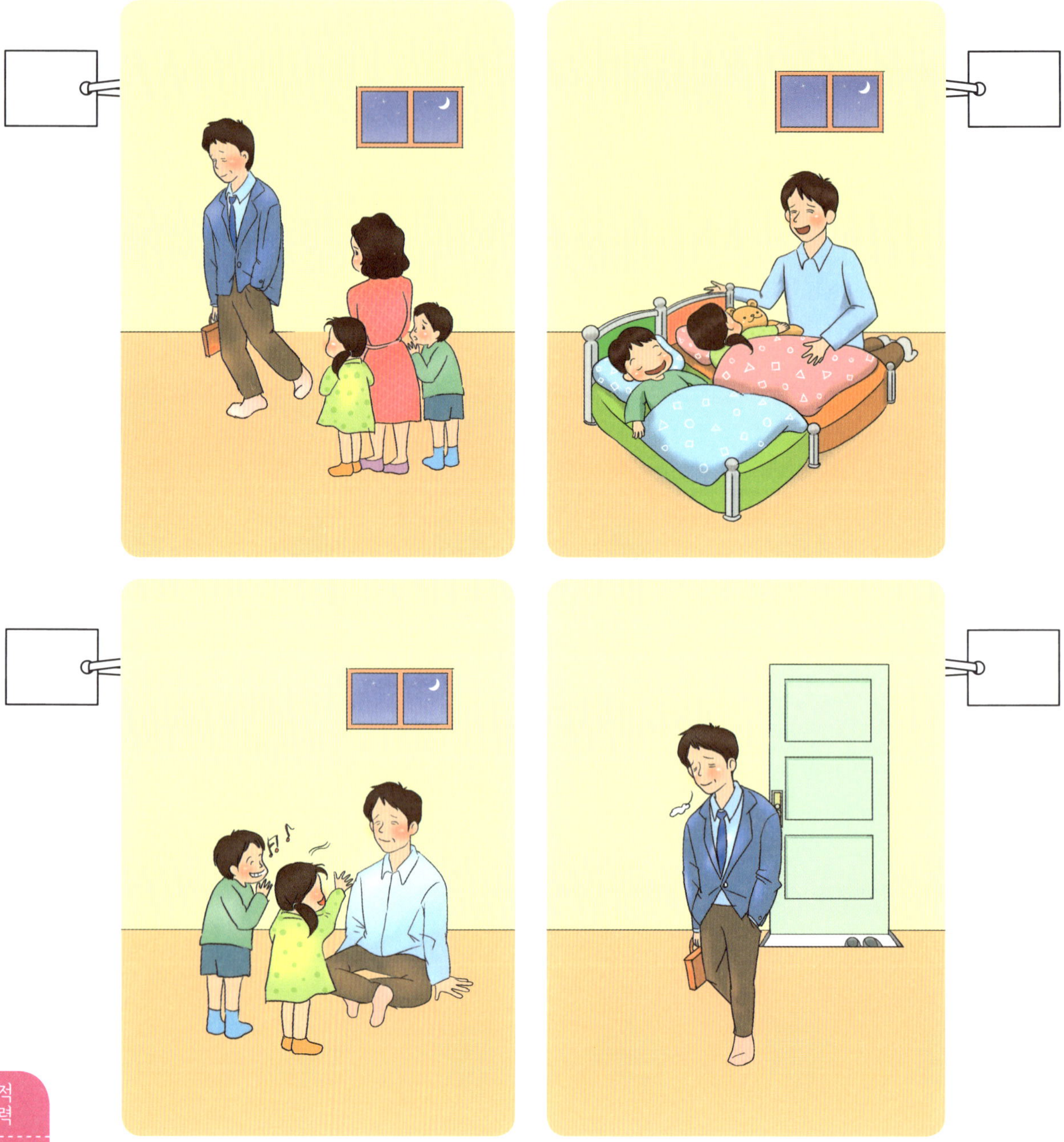

날짜: 년 월 일

지속적
집중력
3단계

4 카드 순서 맞추기

그림을 잘 보고, 먼저 일어난 순서대로 번호를 쓰세요.

날짜:　　　년　　월　　일

지속적 집중력
3단계

4 카드 순서 맞추기

그림을 잘 보고, 먼저 일어난 순서대로 번호를 쓰세요.

아이의 집중력, 부모에게 달려 있다: 집중력 실전 워크북 아이용 워크북

1판 1쇄 발행 2016. 7. 20.
1판 8쇄 발행 2025. 5. 20.

지은이 이명경

발행인 박강휘
편집 임지숙 디자인 지은혜
발행처 김영사
등록 1979년 5월 17일(제406-2003-036호)
주소 경기도 파주시 문발로 197(문발동) 우편번호 10881
전화 마케팅부 031)955-3100, 편집부 031)955-3200 | 팩스 031)955-3111

값은 뒤표지에 있습니다.
ISBN 978-89-349-7445-1 04370
978-89-349-7446-8(세트)

홈페이지 www.gimmyoung.com 블로그 blog.naver.com/gybook
인스타그램 instagram.com/gimmyoung 이메일 bestbook@gimmyoung.com

좋은 독자가 좋은 책을 만듭니다.
김영사는 독자 여러분의 의견에 항상 귀 기울이고 있습니다.

⚠ 주의 책 모서리에 찍히거나 책장에 베이지 않게 조심하세요.

빠진 그림을
찾아보세요.
토끼에게
없는 건
무엇일까요?

숫자를 세어보세요.
반짝반짝 별은
모두 몇 개인가요?

몰입의 힘을 키워주는
하루 30분, 4주 완성 집중력 향상 프로그램

엄마 아빠와 함께 즐겁게 공부하다 보면

어느새 집중력과 자신감이 쑥쑥!

우리 친구 설아가
우산을 찾고 있어요.
어떤 모양의 우산인가요?

색깔에 맞춰
순서대로
숫자들을
연결해보세요.

1 3 2 4 5

엄마 아빠가 들려주는
이야기를 들어보세요.
동물이 모두 몇 번 등장하나요?

ISBN 978-89-349-7445-1 04370

아이의 집중력,
부모에게 달려 있다

집중력 실전 워크북

부모용 가이드북

이명경
한국집중력센터 소장

"언어를 통해 사고가 활발해지는 5살부터 10살까지, 하루 30분 4주 완성 집중력 프로그램!"

대한민국 대표 집중력 전문가 한국집중력센터 이명경 소장의 독창적인 트레이닝 노하우와 핵심 비법이 담긴 실전 워크북

김영사

부모님, 이렇게 해주세요.

이 책은 만 5~10세 아이의 집중력 향상을 위한 것으로 〈부모용 가이드북〉과 〈아이용 워크북〉으로 나뉘어 있습니다. 〈아이용 워크북〉에는 문제 풀이, 〈부모용 가이드북〉에는 지도 방법과 정답이 들어 있습니다. 편하게 보실 수 있도록 두 권으로 분권했습니다.

- 워크북은 크게 시각 집중력을 높이는 놀이, 청각 집중력을 높이는 놀이, 작업 기억력을 높이는 놀이, 지속적 집중력을 높이는 놀이로 구성되어 있고, 각 영역별로 4개의 활동이 포함되어 있습니다. 부모가 먼저 가이드북을 잘 읽고 구성과 진행 방법을 충분히 이해한 후, 자녀와 함께 놀이처럼 해보는 것이 좋습니다.

- 조용한 시간대를 골라 일정한 자리에서 학습하는 것이 좋습니다. TV를 끄고 부모도 자리에 앉아 차분한 분위기를 만들어주세요. 문제를 풀고 난 후에는 아이 스스로 자신의 실수를 발견할 수 있게 점검 시간을 주고, 이때 실수를 발견하면 크게 칭찬해주는 것이 좋습니다.

- 각 놀이 활동은 1, 2, 3단계로 구분되어 있고 단계가 높아질수록 조금 더 어려워지고 복잡해집니다. 1단계는 만 5~6세, 2단계는 만 7~8세, 3단계는 만 9~10세에게 적합한 수준이니, 자녀의 연령과 집중력을 고려하여 부분적으로 진행해도 되고, 모든 단계를 순차적으로 진행해도 무방합니다.

- 각 놀이 활동은 꼭지당 약 5~15분 동안 하기에 적합합니다. 한꺼번에 여러 영역을 전부 하기보다는 매일 조금씩 1~3개의 활동을 꾸준히 하는 것이 좋습니다.

《아이의 집중력, 부모에게 달려 있다》(이명경 저, 김영사)를 통해 집중력의 구조와 발달 원리를 이해하고 그 책에서 제시하는 다양한 집중력 향상법을 함께 적용한다면, 놀이 교육의 효과가 보다 크게 나타날 수 있습니다.

아이의 집중력,
부모에게 달려 있다

집중력 실전 워크북

부모용
가이드북

이 명 경 한국집중력센터 소장

김영사

프롤로그

집중력은 우리 뇌의 전두엽에서 관장하는 고등의 능력입니다. 전두엽은 상황 추리하기, 계획 세우기, 부분으로 전체를 유추하기, 문제 해결하기 등과 같은 사고 기능과 감정을 성숙하게 조절하고 처리하는 기능을 담당하기 때문에 '뇌의 사령탑', '뇌 속의 뇌'라고도 불립니다.

전두엽은 만 3~6세부터 급격히 발달하기 시작해 사춘기 이전까지 계속해서 큰 폭으로 발달합니다. 그리고 20대 초반이 되면 어느 정도 제자리를 잡게 되지만 20대 중후반까지도 성장이 지속됩니다. 그러니 전두엽 발달이 가장 활발한 취학 전 유아에서부터 초등학생 아동을 대상으로 하는 전두엽 촉진 훈련은 시기적으로 매우 적절하며, 집중력 발달에도 큰 도움이 됩니다.

집중력은 공부뿐만 아니라 생활 전반에서 발휘되어야 하는 매우 중요한 능력입니다. 집중력이 높은 사람은 학습이나 업무에서 높은 효율을 발휘할 뿐만 아니라 자기 통제력이 높기 때문에 감정 조절 능력도 뛰어납니다. 때문에 집중력이 높은 아이들은 재미있는 게임이나 자신이 좋아하는 활동뿐만 아니라 지루한 공부나 어려운 과제를 할 때도 자신의 감정을 조절하며 능동적으로 집중력을 이끌어낼 수 있습니다.

또한 집중력이 높은 사람은 갑자기 운다거나 소리를 지르는 것과 같이 상황에 맞지 않게 감정을 분출하거나 충동적으로 행동하기보다는 적절하고 세련되게 자신의 감정을 표현할 수 있습니다. 그러므로 집중력이 높은 아이는 당연히 친구들 사이에서 인기가 많고 평판이 좋은 친구가 되기 쉬우며 리더십도 더 잘 발휘할 수 있습니다.

이 책은 만 5세부터 10세 아동의 집중력 향상을 위한 워크북으로 〈부모용 가이드북〉과 〈아이용 워크북〉으로 나뉘어 있습니다. 부모가 먼저 가이드북을 읽고, 워크북의 구성과 진행 방법을 이해한 후에 자녀와 함께 놀이처럼 해보는 것이 좋습니다. 또 《아이의 집중력, 부모에게 달려 있다》(이명경 저, 김영사)를 통해 집중력의 구조와 발달 원리를 이해하고 그 책에서 제시하는 다양한 집중력 향상법을 함께 적용한다면, 놀이 교육의 효과가 보다 크게 나타날 수 있습니다.

워크북은 크게 시각 집중력을 높이는 놀이, 청각 집중력을 높이는 놀이, 작업 기억력을 높이는 놀이, 지속적 집중력을 높이는 놀이로 구성되어 있고, 각 영역별로 4개의 활동이 포함되어 있습니다.

1장 • 시각 집중력

1. 빠진 곳 그려 넣기
2. 같은 구성 찾기
3. 대칭 그림 그리기
4. 기호 쓰기

2장 • 청각 집중력

1. 다섯 고개 넘기
2. 이야기 듣고 맞추기
3. 손뼉 치기
4. 다른 단어 찾기

3장 • 작업 기억력

1. 사물 기억하기
2. 탐정 놀이
3. 머릿속으로 계산하기
4. 기호 계산

4장 • 지속적 집중력

1. 숫자 세기
2. 암호 해독
3. 지그재그 연결하기
4. 카드 순서 맞추기

시각 주의력과 청각 주의력은 집중력 중에서도 초점적 주의력을 높이기 위한 활동입니다. 초점적 주의력은 시각, 청각, 후각, 미각, 촉각 등의 감각기관을 통해 한꺼번에 접하는 무수히 많은 정보들 중에서 더 중요한 정보와 그렇지 않은 정보를 구분하고 중요한 정보에만 주의를 기울이는 능력을 말합니다. 한꺼번에 모든 자극에 골고루 주의를 기울이는 것이 아니라 상황과 맥락에 따라 더 중요한 정보에만 선택적으로 반응하는 능력인 것입니다.

초점 맞추는 능력은 우리 뇌의 한계 때문에 꼭 필요한 능력입니다. 인간의 뇌는 한꺼번에 처리할 수 있는 정보의 용량이 한정되어 있기 때문에 동시에 접하는 무수히 많은 정보 중 일부밖에 처리하지 못합니다. 더욱이 어린아이의 뇌는 성인의 뇌에 비해 기억의 용량이 작기 때문에 더 적은 정보만 받아들일 수 있습니다.

시각 주의력과 청각 주의력 훈련은 더 중요한 시청각 자극을 구분하고 기억하는 능력을 높이기 위한 활동입니다. 그리고 단기 기억의 용량을 높이기 위한 활동도 포함되어 있습니다. 시각과 청각은 학습 장면에서 가장 많이 활용되는 감각기관이기 때문에 시청각 주의력을 높일 경우 학습 효율이 크게 향상될 수 있습니다.

작업 기억력은 단기 기억 정보를 장기 기억으로 보내기 위해 머릿속에 잠깐 동안 저장하는 것에 더해 새로운 규칙에 맞추어 정보를 변형하는 능력까지 포함합니다. 작업 기억력이 높은 경우 복잡한 정보도 한꺼번에 처리할 수 있기 때문에 인지적으로 기민하고 반응 속도도 빠릅니다. 또한 낯설고 변화가 빠른 환경에서도 쉽게 적응할 수 있습니다. 반대로 작업 기억력이 낮은 사람은 짧은 시간 내에 빠르게 기능을 익히고 실생활에 적용해야 하는 상황에서는 말귀를 잘 못 알아듣고 느리게 배우는 답답한 사람이라는 인상을 주기 쉽습니다.

수업 장면에서도 작업 기억력이 높은 학생의 경우, 교사가 새로운 내용을 설명하는 동안 그 내용을 머릿속에 잠깐 저장하면서 얼른 눈으로 교과서 해당 부분을 찾아 밑줄을 긋거나 필기를 할 수 있기 때문에 핵심적인 내용을 잘 파악할 수 있습니다. 또 단순한 시청각 정보를 빠르게 처리할 수 있기 때문에 보다 높은 인지 능력, 즉 이해력, 독해력, 문제 해결력 등을 수월하게 발휘하여 보다 많은 내용을 자기 것으로 만들 수 있게 됩니다. 그래서 이런 아이들은 수업 시간에 높은 집중력을 발휘할 수 있고 수업 시간 외에 별도로 많은 시간 공부를 하지 않고도 노력에 비해 성적이 잘 나오는 경우가 많습니다.

지속적 집중력은 우리가 흔히 말하는 집중력, 즉 시작한 일을 진득이 하고 마무리 짓는 힘을 말합니다. 지속적 집중력은 지루하고 힘든 과제를 할 때, 그리고 오랜 시간 계속해야만 완수되는 과제를 할 때 특히 많이 요구됩니다. 지속적 집중력을 발휘하기 위해서는 지루함이나 짜증 같은 정서를 관리할 수 있어야 합니다. 문제집을 덮고 나가고 싶지만 내일 있을 시험을 생각해 계속해서 공부를 한다거나, 게임을 하고 싶은 마음을 누르고 숙제를 마무리하는 것은 지루함이나 짜증과 같은 정서를 관리할 수 있기 때문에 가능한 것입니다.

지속적 집중력을 높이기 위한 훈련에는 지루함과 짜증을 관리하면서 지속적으로 시청각 주의력과 작업 기억력을 발휘해야 하는 활동들이 포함되어 있습니다. 또 사회적 상황과 맥락을 파악하는 능력을 높이기 위한 훈련도 포함되어 있습니다.

각 놀이 활동은 한 꼭지당 약 5~15분 동안 하기에 적합하니 한꺼번에 여러 영역을 전부 하기보다는 아이의 연령과 집중력을 고려하여 1~3개의 활동을 하는 것이 좋습니다. 하루, 이틀에 몰아서 다 하기보다는 매일 조금씩 일정 양을 하는 것이 바람직합니다.

각 놀이 활동은 1, 2, 3단계로 구분되어 있고 단계가 높아질수록 조금 더 어려워지고 복잡해집니다. 1단계는 만 5~6세, 2단계는 만 7~8세, 3단계는 만 9~10세에게 적합한 수준이니, 자녀의 연령과 집중력을 고려하여 부분적으로 진행해도 되고, 모든 단계를 순차적으로 진행해도 무방합니다.

집중력 놀이 활동은 아이가 적극적으로 참여할 때 효과가 크게 나타납니다. 아이의 적극성을 이끌어내기 위해서는 놀이 활동을 하는 과정에서 아이가 즐거움과 성취감을 느낄 수 있도록 해야 합니다. 빨리 하지 못하거나 실수를 하더라도 답답해하거나 화를 내어서는 안 됩니다. 놀이를 함께한다는 기분으로 부모 역시 활동을 즐기고 신나게 참여하는 것이 좋습니다. 또 활동하는 과정에서 아이의 집중력이 높아지는 것을 발견하고 칭찬해주는 것 역시 부모의 몫입니다.

자, 이제 아이와 함께 행복한 집중력 놀이를 시작해보세요.

한국집중력센터 소장
이명경

★ **보다 체계적인 집중력 교육이나 후속 프로그램을 원한다면, 한국집중력센터로 문의주세요.**
www.ikcc.co.kr 02)552-0771~2

1장 시각 집중력

1. 빠진 곳 그려 넣기

'빠진 곳 그려 넣기'는 일상에서 접하는 여러 사물의 빠진 부분을 찾는 활동입니다. 평소 접했던 사물과 그림 속 사물 간의 차이를 찾기 위해 노력하는 과정을 통해 아이는 주변 사물의 세세한 부분에 대한 관심과 관찰력을 발달시키게 됩니다.

빠진 곳 그려 넣기를 하는 동안 아이에게 "예전에 나비 사진 책에서 본 적 있지? 그때 봤던 나비를 떠올려 봐. 그때 봤던 나비랑 여기 있는 나비랑 어떤 부분이 다른 것 같아?" 하고 물어보면서 아이가 과거에 접했던 시각 이미지를 머릿속에 떠올릴 수 있도록 하는 것이 좋습니다. 틀린 답을 하더라도 곧바로 정답을 알려주지 말고 "응. 그 부분도 차이가 있구나. 그런데 그것보다 더 중요한 부분에서 차이가 있어. 찬찬히 더 생각해보자" 하고 생각을 계속하도록 지도해야 합니다.

2. 같은 구성 찾기

'같은 구성 찾기'는 형태와 색깔이 같은 사물로 구성되어 있는 것을 찾는 활동입니다. 단계 1, 2는 보기가 같은 구성 1개를 찾는 것이고, 단계 3은 5개의 보기들 중 같은 구성 2개를 찾는 것입니다. 연령이 어린 경우 보기의 사물(예를 들어 빨간색 사과)과 같은 사물에 하나씩 표시를 해서 같은 구성을 찾게 할 수도 있지만, 가능한 한 활동지에 표시를 하지 않고 눈으로만 사물들을 관찰해서 같은 구성을 찾게 하는 것이 좋습니다.

사물 각각에 이름을 붙이고(예를 들어 빨간색 사과, 초록색 사탕, 파란색 날개 비행기 등) 중얼거리면서 찾으면 더 잘 찾을 수 있다고 알려주는 것이 도움이 됩니다. 빨리 찾으려 서두르다가 실수를 하는 것보다 차분하고 사려 깊게 관찰하는 것이 중요함을 강조하고, 정답을 말하기 전에 마지막으로 한 번 더 점검하도록 하는 것이 필요합니다.

3. 대칭 그림 그리기

'대칭 그림 그리기'는 절반만 주어진 시각 단서를 근거로 전체 그림을 완성하는 활동입니다. 대칭 그림을 그리기 위해서는 제시된 그림을 면밀히 관찰해야 하고, 모눈종이 눈금의 개수와 선의 방향 등을 차분히 고려해서 똑같이 따라 그려야 합니다.

그림을 그리는 과정에서 실수를 수정해야 하는 상황이 자주 발생하기 때문에 지울 수 없는 볼펜이나 색연필보다는 연필과 지우개를 준비하는 것이 좋습니다. 먼저 연필로 연하게 그린 후 나중에 진하게 그리도록 제안하셔도 좋습니다. 빨리 하는 것보다 정확하고 차분하게 하는 것이 중요함을 강조해주세요.

4. 기호 쓰기

'기호 쓰기'는 제시된 사물과 기호의 짝을 익힌 후에 사물 밑에 짝이 되는 기호를 쓰는 활동입니다. 이를 통해 아이는 시각-운동 협응력과 시각 정보 처리속도를 높일 수 있습니다. 아이에게 사물과 기호가 서로 짝임을 설명해주세요. 그리고 사물 밑 칸에 짝이 되는 기호를 쓰도록 합니다. 기호를 쓸 때는 맨 윗줄 첫째 칸부터 하나씩 순서대로 빠짐없이 써야 합니다. 특정 사물의 기호만 먼저 써 넣거나 중간에 건너뛰어서는 안 됩니다. 순서대로 한 칸씩 정확하면서도 빠르게 쓸 수 있게 지도해주세요.

초시계를 준비해서 시간을 재어주면 아이의 동기가 더욱 높아집니다. 단계별로 같은 난이도의 문제가 3개씩 제시되니, 시간을 단축하는 것을 목표로 진행해주세요.

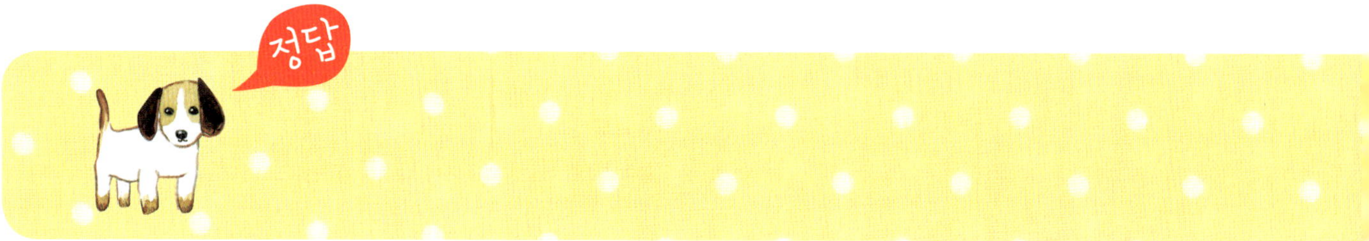

1. 빠진 곳 그려 넣기 p. 6~7

2. 같은 구성 찾기 p. 8~13

1단계

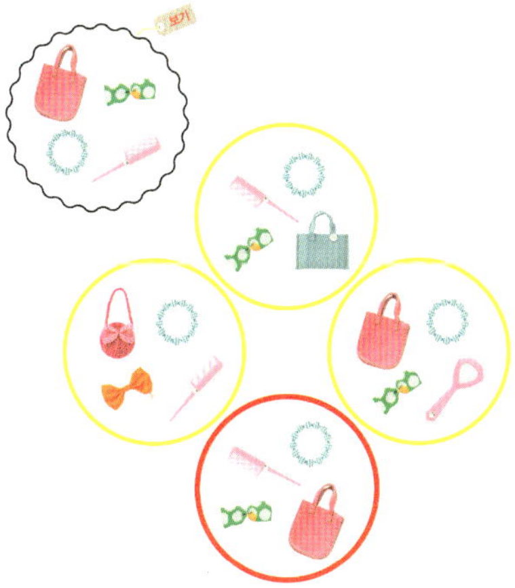

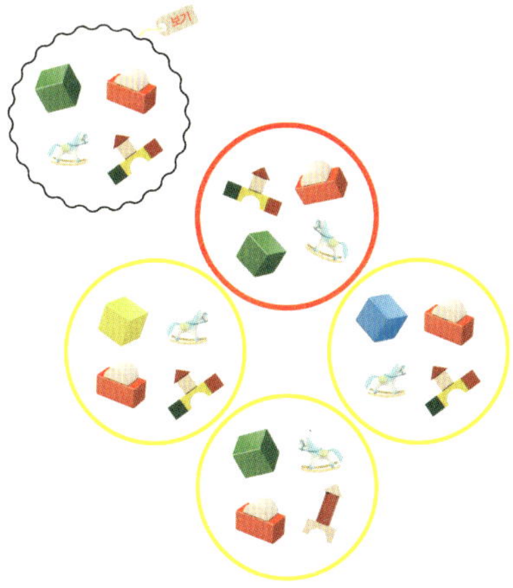

3. 대칭 그림 그리기 p. 14~15

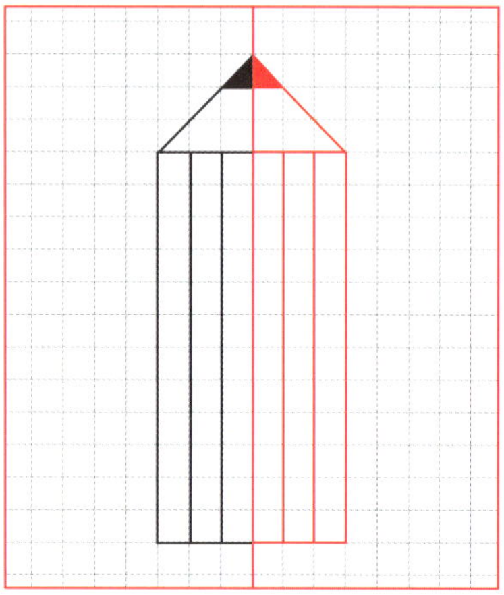

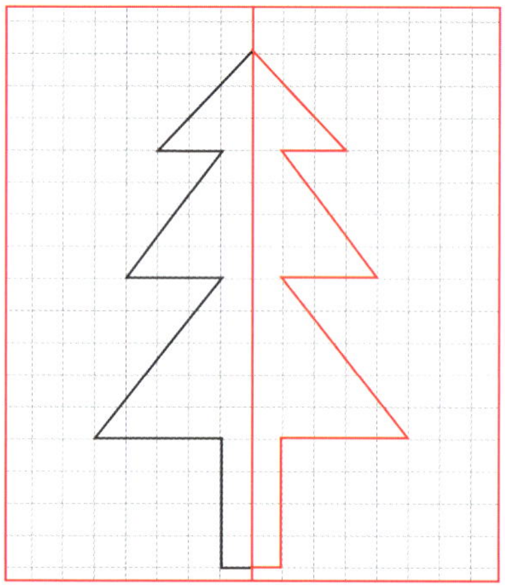

4. 기호 쓰기 p. 16~21

1 6 2 4 1 5 3 2
4 5 3 4 1 6 2 3
2 3 5 2 5 1 3 2
5 6 4 3 5 6 2 5
3 4 1 5 2 6 4 1

1단계

보기
ㄱ ㄴ ㄷ ㄹ ㅁ ㅂ
ㅁ ㅂ ㄹ ㄷ ㅁ ㄱ ㄷ ㄴ
ㄴ ㄷ ㅁ ㄴ ㄷ ㅂ ㄹ ㄱ
ㄷ ㄹ ㄱ ㄷ ㅁ ㅂ ㄴ ㅁ

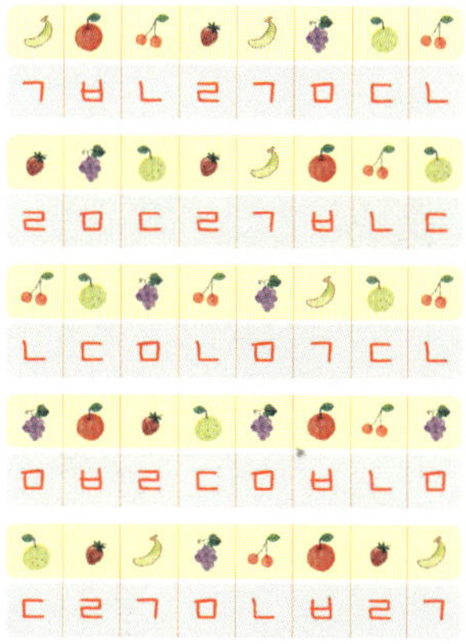
ㄱ ㅂ ㄴ ㄹ ㄱ ㅁ ㄷ ㄴ
ㄹ ㅁ ㄷ ㄹ ㄱ ㅂ ㄴ ㄷ
ㄴ ㄷ ㅁ ㄴ ㅁ ㄱ ㄷ ㄴ
ㅁ ㅂ ㄹ ㄷ ㅁ ㅂ ㄴ ㅁ
ㄷ ㄹ ㄱ ㅁ ㄴ ㅂ ㄹ ㄱ

보기
T • △ V ⊥ O
⊥ O V △ ⊥ T △ •
• △ ⊥ • △ O V T
△ V T △ ⊥ O • ⊥

T O • V T ⊥ △ •
V ⊥ △ V T O • △
• △ ⊥ • ⊥ T △ •
⊥ O V △ ⊥ O • ⊥
△ V T ⊥ • O V T

정답

1. 빠진 곳 그려 넣기 p. 22~23

2. 같은 구성 찾기 p. 24~31

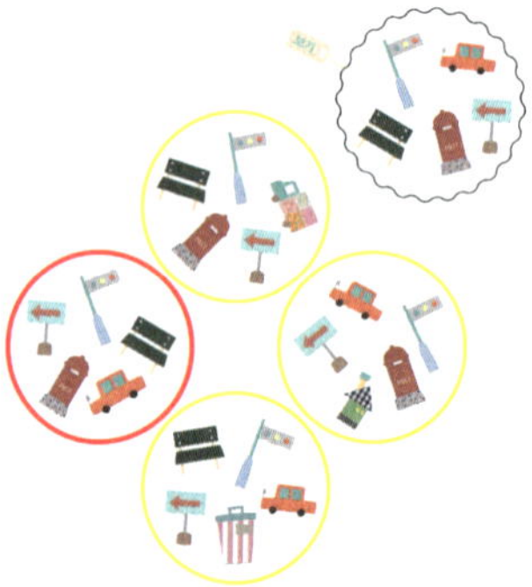

2단계

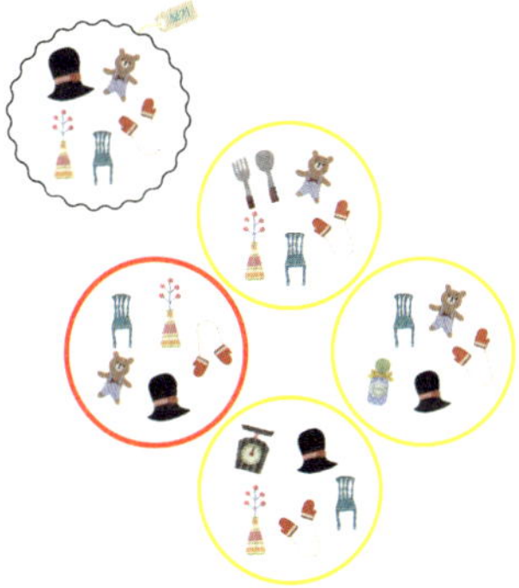

3. 대칭 그림 그리기 p. 32~33

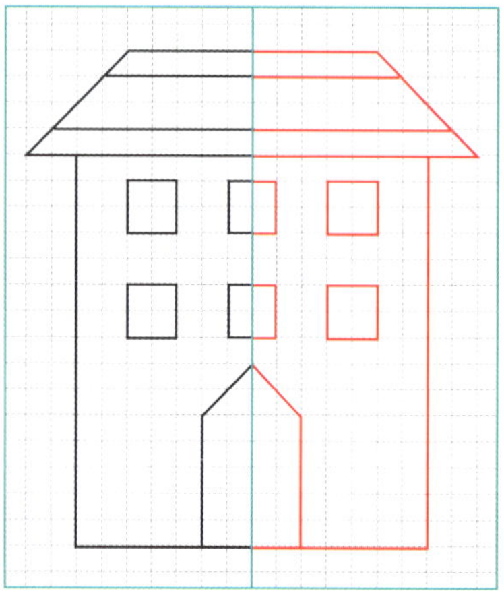

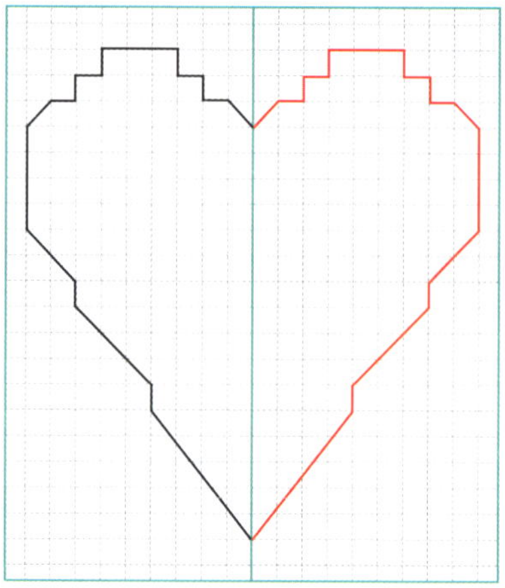

4. 기호 쓰기 p. 34~39

보기
1 2 3 4 5 6 7

7 6 1 4 5 6 5 2 3
4 2 3 7 6 3 5 4 1
5 4 2 6 7 2 1 3 5

2 5 3 7 4 6 1 6 3
7 6 1 4 5 3 5 2 6
6 7 2 5 4 1 3 1 5
3 4 3 1 6 4 5 2 7
4 5 1 6 7 2 4 3 2

2단계

보기
ㅠ ㅑ ㅡ ㅓ ㅗ ㅏ ㅐ
ㅐ ㅏ ㅠ ㅓ ㅗ ㅏ ㅗ ㅑ ㅡ
ㅓ ㅑ ㅡ ㅐ ㅏ ㅡ ㅗ ㅓ ㅠ
ㅗ ㅓ ㅑ ㅏ ㅐ ㅑ ㅠ ㅡ ㅗ

ㅑ ㅗ ㅡ ㅐ ㅓ ㅏ ㅠ ㅏ ㅡ
ㅐ ㅏ ㅠ ㅓ ㅗ ㅡ ㅗ ㅑ ㅏ
ㅏ ㅐ ㅑ ㅗ ㅓ ㅠ ㅡ ㅠ ㅗ
ㅡ ㅓ ㅡ ㅠ ㅏ ㅓ ㅗ ㅑ ㅐ
ㅓ ㅗ ㅠ ㅏ ㅐ ㅑ ㅓ ㅡ ㅑ

보기
ㅓ ○ △ ʌʌ ▭ 8 ×
× 8 ㅓ ʌʌ ▭ 8 ▭ ○ △
ʌʌ ○ △ × 8 △ ▭ ʌʌ ㅓ
▭ ʌʌ ○ 8 × ○ ㅓ △ ▭

○ ▭ △ × ʌʌ 8 ㅓ 8 △
× 8 ㅓ ʌʌ ▭ △ ▭ ○ 8
8 × ○ ▭ ʌʌ ㅓ △ ㅓ ▭
△ ʌʌ △ ㅓ 8 ʌʌ ▭ ○ ×
ʌʌ ▭ ㅓ 8 × ○ ʌʌ △ ○

정답

1. 빠진 곳 그려 넣기 p. 40~41

2. 같은 구성 찾기(정답 2개) p. 42~49

3단계

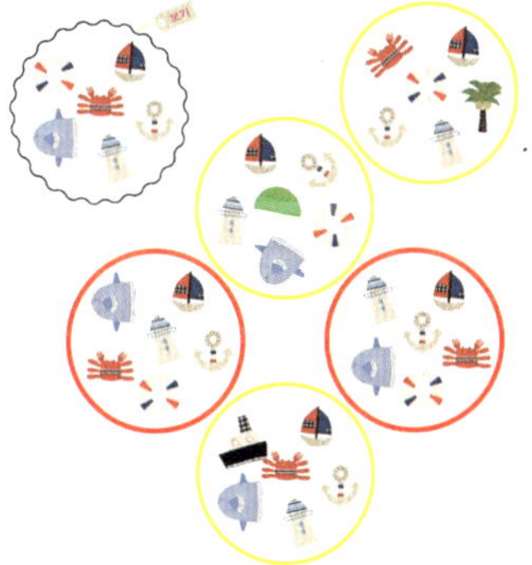

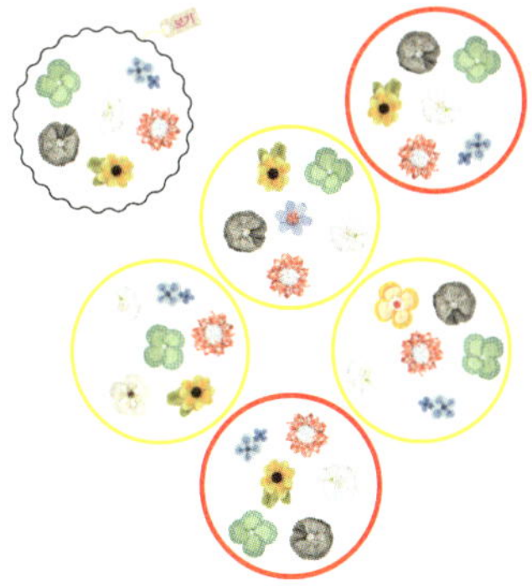

정답

3. 대칭 그림 그리기 p. 50~51

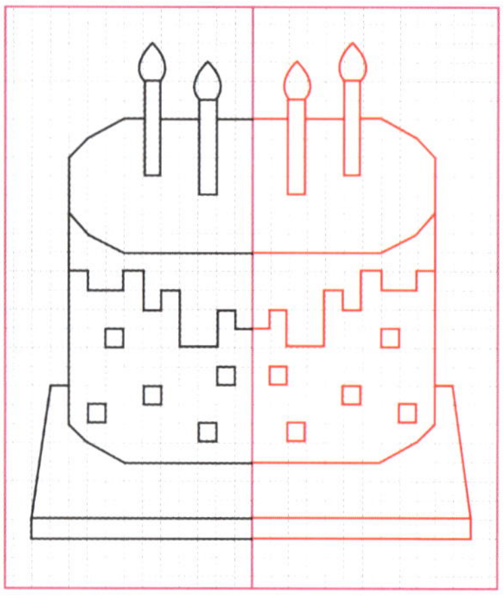

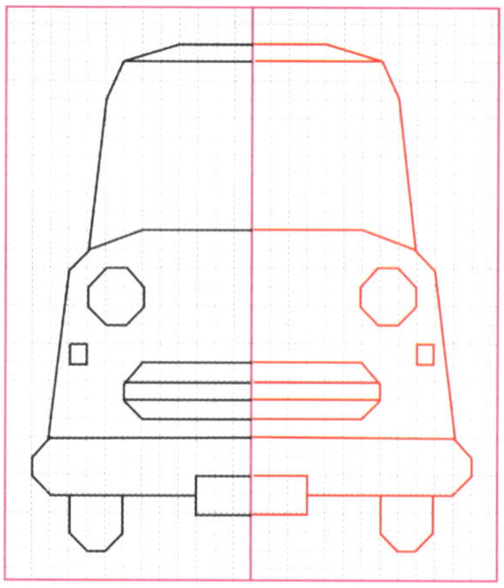

4. 기호 쓰기 p. 52~57

3단계

보기
ㅅ ㅇ ㅈ ㅊ ㅋ ㅌ ㅍ ㅎ
ㅈ ㅍ ㅋ ㅅ ㅌ ㅋ ㅅ ㅇ ㅊ ㅎ
ㅌ ㅊ ㅅ ㅍ ㅈ ㅍ ㅋ ㅎ ㅇ ㅅ
ㅋ ㅌ ㅊ ㅅ ㅍ ㅎ ㅌ ㅇ ㅈ ㅋ

ㅅ ㅍ ㅊ ㅎ ㅇ ㅋ ㅅ ㅌ ㅊ ㅈ
ㅌ ㅎ ㅍ ㅅ ㅈ ㅊ ㅅ ㅈ ㅍ ㅇ
ㅈ ㅅ ㅋ ㅌ ㅍ ㅎ ㅊ ㅇ ㅋ ㅈ
ㅊ ㅇ ㅅ ㅎ ㅈ ㅌ ㅇ ㅈ ㅍ ㅅ
ㅍ ㅋ ㅊ ㅈ ㅋ ㅅ ㅌ ㅇ ㅅ ㅎ

보기
+ / ◎ ▽ ~ ◇ ⊓ 💧
◎ ⊓ ~ + ◇ ~ + / ▽ 💧
◇ ▽ + ⊓ ◎ ⊓ ~ 💧 / +
~ ◇ ▽ + ⊓ 💧 ◇ / ◎ ~

+ ⊓ ▽ 💧 / ~ + ◇ ▽ ◎
◇ 💧 ⊓ + ◎ ▽ + ◎ ⊓ /
◎ + ~ ◇ ⊓ 💧 ▽ / ~ ◎
▽ / + 💧 ◎ ◇ / ◎ ⊓ +
⊓ ~ ▽ ◎ ~ + ◇ / + 💧

2장 청각 집중력

1. 다섯 고개 넘기

'다섯 고개 넘기'는 청각적으로 주어진 다섯 개의 힌트를 듣고 수수께끼를 푸는 활동입니다. 다섯 고개 넘기를 할 때는 한 고개에서 다음 고개로 넘어가기 전에 충분히 생각하고 탐구할 시간을 주는 것이 가장 중요합니다. 주어진 청각 단서를 토대로 가능한 한 많은 가능성을 탐색하는 과정은 확산적 사고와 창의력을 발달시킵니다. 한 고개에서 다음 고개로 넘어가는 동안에 아이는 이전에 들은 청각 정보를 기억하고 있어야 합니다. 같은 고개를 반복해서 여러 번 읽어주기보다는 한 번씩만 읽어주면서 "앞에서 들은 이야기도 잘 떠올려 봐" 하고 이야기해주세요. 정답을 맞춘 후에는 다섯 개의 힌트를 모두 기억하고 있는지 떠올려 보도록 하고, 몇 번째 고개에서 정답을 확신했는지도 물어봐주세요.

2. 이야기 듣고 맞추기

'이야기 듣고 맞추기'는 이야기에 포함된 정보를 놓치지 않고 기억하는 활동입니다. 이야기를 듣는 동안 아이는 중심 내용은 물론 세부 정보까지 구체적으로 기억하기 위해 애쓰고, 집중을 하게 됩니다. 이야기는 가능한 한 재미있게 읽어주시고 평소 책을 읽어주는 속도에 맞춰주세요. 이야기를 다 들려준 후 하나씩 질문을 들려주며 답을 적도록 하세요. 글씨 쓰는 것이 익숙하지 않은 어린아이의 경우 워크북에 답을 적지 않고 말로 대답하게 하세요. 한 번만 읽어줄 테니 잘 들으라고 이야기한 후 책 읽는 속도로 읽어주세요. 중간에 아이가 "뭐라고요? 못 들었어요! 다시 한 번 읽어주세요"라고 하더라도, 일단은 전체 내용을 다 읽어주세요. 한 번 다 들은 후 활동지에 답을 적게 하고, 제대로 못 적은 부분을 확인시키세요. 그리고 놓친 부분에 특히 더 집중하며 이야기를 들어보라고 한 후 처음보다 조금 더 빠른 속도로 다시 읽어주세요.

3. 손뼉 치기

'손뼉 치기'는 들려주는 이야기에 포함된 특정 단어(예, 동물 이름)나 음절(예, 달)에 손뼉을 치는 놀이입니다. 이야기를 잘 들으며 손뼉을 쳐야 하는 단어(혹은 음절)를 놓치지 않고 손뼉을 쳐야 하는 것은 물론, 손뼉을 치지 않아야 하는 다른 단어(혹은 음절)에 손뼉을 치지 않기 위해 노력해야 합니다. 같은 이야기를 적어도 두 번 이상 읽어주면서 정확한 지점에 박수를 칠 수 있게 연습시켜주세요. 처음에는 그냥 손뼉만 치게 하고, 두 번째 읽어줄 때는 특정 단어나 음절이 몇 번 나오는지 마음속으로 세면서 손뼉을 치도록 하세요.

아이의 흥미를 유지시키려면 이야기를 재미있게 읽어주면서 동시에 아이가 치는 손뼉에 반응을 해주어야 합니다. 반응은 "'동물' 이름이 나왔는데 손뼉을 안 치네", "'다'에만 손뼉을 치는 건데 '엄'에 쳤네" 같은 언어적으로 반응하는 것과 살짝 미소를 지어주거나 엄지손가락을 올려주는 것 같이 비언어적으로 반응하는 것이 좋습니다.

4. 다른 단어 찾기

'다른 단어 찾기'는 시각적으로 읽히는 글과 청각적으로 들리는 말이 일치하지 않는 부분을 찾는 활동입니다. 다른 단어 찾기를 잘하기 위해서는 귀로는 엄마 아빠 말에 집중하면서 눈으로는 워크북의 해당 부분을 찾아 읽으며, 다른 부분을 표시해야 합니다.

한 번만 읽어줄 테니 잘 들으라고 이야기한 후 책 읽는 속도로 읽어주세요. 중간에 아이가 "뭐라고요? 못 들었어요! 다시 한 번 읽어주세요."라고 할 경우, 놓친 부분은 건너뛰고 계속 이야기에 집중하며 다른 단어에 표시하라고 하세요. 그리고 계속해서 내용을 읽어주세요.

이야기를 다 읽어준 후에는 다른 단어가 몇 개인지 물어보세요. 이때 단어 뒤에 따르는 조사는 단어에 포함시켜 세도록 합니다. 예를 들어 '사과를'을 '책을'로 읽어준 경우, '사과'와 '를'을 각각 세어 2개의 단어가 다르다고 하는 것이 아니라 '사과'와 '를'을 묶어서 1개의 단어로 세는 것입니다. 몇 개의 단어를 놓쳤는지 알려주고, 다시 한 번 읽어주세요. 이때는 처음과 비슷하거나 처음보다 조금 더 빠른 속도로 읽어주시면 됩니다.

1. 다섯 고개 넘기 p. 60~61

1 이것 때문에 우는 아이들이 많습니다.
몸이 아플 때 필요합니다.
이것 대신 약을 먹기도 합니다.
의사 선생님이나 간호사 선생님이 놓아주십니다.
뾰족한 바늘을 가지고 있습니다. 정답: 주사

2 소리가 납니다.
바늘이 달려 있습니다.
벽에 걸려 있는 것도 있고 가지고 다니는 것도 있습니다.
12개의 숫자가 있습니다.
시간을 알기 위해 사용합니다. 정답: 시계

3 몸에 좋은 음식입니다.
빵과 함께 먹는 사람이 많습니다.
빨대로 빨아 먹는 사람도 있습니다.
바나나 맛, 딸기 맛, 초코 맛 등 여러 가지 맛이 있습니다.
젖소의 젖으로부터 나옵니다. 정답: 우유

4 하얀색입니다.
눈, 코, 입을 가지고 있습니다.
큰 동그란 것 위에 작은 동그란 것을 올려서 만듭니다.
장갑을 끼고 만들어야 손이 덜 시렵습니다.

눈이 와야만 만들 수 있습니다. 정답: 눈사람

5 먹는 것입니다.
과일입니다.
껍질을 벗기지 않고 먹습니다.
빨간색입니다.
점처럼 보이는 작은 씨가 아주 많습니다. 정답: 딸기

6 숲에 삽니다.
동물입니다.
풀을 먹고 삽니다.
눈이 빨간색입니다.
긴 귀를 가지고 있습니다. 정답: 토끼

7 수염이 있습니다.
겨울에만 일을 합니다.
빨간색 옷을 입고 다닙니다.
굴뚝을 통해 집으로 들어옵니다.
착한 어린이에게 선물을 줍니다. 정답: 산타 할아버지

8 날개가 있습니다.
날아다닐 때 '윙' 하는 소리를 냅니다.

뾰족한 침도 있습니다.

여름에 자주 나타납니다.

사람의 피를 먹고 삽니다. 정답: 모기

9 집 안에서는 필요가 없습니다.

두 개가 한 쌍입니다.

끈이 있는 것도 있습니다.

발을 보호합니다.

운동할 때 필요합니다. 정답: 운동화

10 우리 몸을 깨끗하게 하기 위해 필요합니다.

화장실에 둡니다.

손잡이가 있습니다.

잠자기 전에 꼭 사용해야 합니다.

치약을 묻혀서 사용해야 합니다. 정답: 칫솔

2. 이야기 듣고 맞추기 p. 62~63

1 아기 양의 지혜

따뜻한 봄날, 양치기가 양을 몰고 들판으로 나갔어요. 그런데 양치기가 잠든 사이에 아기 양 한 마리가 무리에서 몰래 빠져나왔습니다. 아기 양은 양치기의 피리를 입에 물고 신이 나서 이곳저곳을 폴짝폴짝 뛰어다녔습니다.

"와, 정말 신난다. 마음대로 돌아다니니까 정말 좋아!"

어느 덧 아기 양은 자신도 모르는 사이에 두 개의 언덕을 넘어 아주 멀리까지 가게 되었습니다. 바로 그때, 갑자기 무섭게 생긴 검은색 늑대가 나타났습니다.

꼼짝없이 늑대 밥이 되게 된 것입니다. 그때 아기 양에게 좋은 생각이 떠올랐습니다.

"늑대님, 죽기 전에 제 소원 하나만 들어주세요."

"소원? 무슨 소원이냐?"

"죽기 전에 마지막으로 춤을 추고 싶어요. 그러니 늑대님이 피리를 불어주시면 안 될까요?"

"춤? 좋다. 마지막 소원이니 내가 특별히 피리를 불어주지."

늑대는 아기 양이 주는 피리를 받아 불기 시작했습니다. 피리 소리를 들으며 양은 춤을 추기 시작했어요. 피리 소리가 산을 넘어 멀리멀리 퍼져 나갔답니다. 그 소리를 들은 양치기는 사냥개를 데리고 뛰어와 아기 양을 구해주었답니다.

1) 아기 양은 몇 개의 언덕을 넘어 늑대를 만났나요? 두 개의 언덕

2) 아기 양이 만난 늑대는 무슨 색이었나요? 검은색

3) 아기 양은 늑대에게 무엇을 불게 해서 양치기에게 위험을 알렸나요? 피리

4) 양치기와 함께 뛰어와 아기 양을 구해준 것은 무엇인가요? 사냥개

2 여우와 포도

배가 몹시 고픈 여우 한 마리가 포도밭 옆을 지나가게 되었습니다. 포도밭에는 잘 익은 포도가 주렁주렁 매달려 있었습니다. 여우는 포도가 먹고 싶었어요. 그래서 포도밭 울타리 여기저기를 살피며 들어갈 만한 구멍을 찾아보았습니다. 구멍이 한 군데 있었지만, 너무 좁아서 들어갈 수가 없었습니다. '좋은 방법이 없을까?' 여우는 살을 빼서 홀쭉하게 한 다음에 들어가기로 하였습니다. 그래서 여우는 3일 동안 아무것도 먹지 않았습니다. 살이 빠져 홀쭉해진 여우는 마침내 포도밭에 들어갈 수 있었습니다. 여우는 정신없이 포도를 따 먹었습니다.

"아, 배부르다. 실컷 먹었으니 이제 슬슬 밖으로 나가볼까?"

여우는 들어왔던 구멍으로 머리를 내밀었습니다. 그런데 배가 너무 불러서 도저히 빠져나갈 수가 없었습니다. 여우는 생각 끝에 다시 3일을 굶기로 하였습니다.

"이제 됐다."

3일을 굶은 여우는 다시 홀쭉해져서 울타리를 빠져나올 수 있었습니다. 여우는 탄식하며 말했습니다.

"배고프기는 들어갈 때나 나올 때나 마찬가지군."

1) 이야기에 나오는 동물은 무엇인가요? 여우

2) 배고픈 여우는 무엇이 먹고 싶었나요? 포도

3) 여우는 어떻게 구멍에 들어갔나요? 살을 빼서

4) 여우는 다시 울타리를 빠져나오기 위해 며칠을 굶었나요? 3일

3 여우와 두루미

어느 숲 속에 여우와 두루미가 살고 있었어요. 그러던 어느 날, 여우는 두루미를 자신의 집에 초대했어요.

"두루미야, 우리 집에 놀러오지 않을래? 내가 맛있는 걸 만들어줄게."

"어머, 정말? 초대해줘서 고마워. 내일 네 집으로 갈게."

사실 여우의 속셈은 따로 있었어요. 두루미를 놀려주기 위해서였지요. 그래서 여우는 바닥이 납작한 접시에 맛있는 수프를 담아 집에 놀러온 두루미에게 주었답니다. 그러나 가늘고 긴 주둥이를 가진 두루미는 한 입도 먹을 수가 없었어요.

"여우야, 가늘고 긴 그릇 없니? 나는 이 그릇으로는 먹을 수가 없어."

"우리 집에는 이런 접시밖에 없는데. 그럼 어쩔 수 없이 네 것까지 내가 다 먹어야겠다."

여우는 두루미의 수프까지 냠냠냠 맛있게 먹었답니다. 화가 난 두루미는 똑같이 여우를 자신의 집으로 초대했어요. 다음 날, 여우도 약속을 잊지 않고 초록마을에 사는 두루미의 집에 갔답니다. 그러나 음식이 모두 가늘고 긴 병에 담겨 있어 여우는 한 입도 먹을 수가 없었어요.

"두루미야, 넓은 접시 없니? 나는 이 그릇으로는 먹을 수가 없어."

"그래? 난 이 그릇이 정말 편한데. 그럼 어쩔 수 없이 네 것까지 내가 다 먹을게."

그제야 자신의 잘못을 깨달은 여우는 두루미에게 사과를 했어요. 이후 둘은 다시 사이좋은 친구가 되었답니다.

1) 여우는 두루미를 왜 자신의 집에 초대했나요? 놀려주기 위해

2) 여우는 두루미에게 어떤 음식을 주었나요? 수프

3) 두루미가 살고 있는 마을의 이름은 무엇인가요? 초록마을

4) 두루미가 음식을 담아 여우에게 준 그릇은 어떤 모양이었나요? 가늘고 긴 병

3. 손뼉 치기 p. 64~65

1 아기가 나올 때마다 손뼉을 치세요.

난 아기 거북이에요.
엉금엉금 기어 다니는 아기 거북이에요.
난 아기 토끼예요.
깡충깡충 뛰어다니는 아기 토끼예요.
난 아기 코끼리예요.
쿵쿵쿵 발을 굴리는 아기 코끼리예요.
난 아기 원숭이예요.
대롱대롱 매달리는 아기 원숭이예요.
난 아기 고양이예요.
살금살금 걸어 다니는 아기 고양이예요.
난 아기 사자예요.
으르릉, 와락 달려드는 아기 사자예요.
난 아기 코알라예요.
엄마 등에 업혀 자는 아기 코알라예요.
잘자렴, 우리 아기!

정답: 15번

2 달이 나올 때마다 손뼉을 치세요.

들쥐야, 달려라, 달려!
쭉 뻗은 길을 달려라, 달려!
들쥐야, 달려라, 달려!
기다란 통나무 위를 달려라, 달려!
들쥐야, 달려라, 달려!
구불구불 길을 달려라, 달려!
들쥐야, 달려라, 달려!
알록달록 꽃밭 사이로 달려라, 달려!
들쥐야, 달려라, 달려!
뾰족뾰족 길을 달려라, 달려!
들쥐야, 달려라, 달려!
들쑥날쑥 울타리 위를 달려라, 달려!
들쥐야, 달려라, 달려!
뱅글뱅글 길을 달려라, 달려!
들쥐야, 달려라, 달려!
어둑어둑 땅속을 달려라, 달려!
들쥐야, 달려라, 달려!
동글동글 빙글빙글 길을 달려라, 달려!

정답: 36번

4. 다른 단어 찾기 p. 66~67

※ 괄호 부분은 제외하고 읽어주세요. 책 읽는 속도로 읽어주시는 것이 좋습니다.

집에 돌아온 하양이(하늘이)는 안 쓰는 물건을 찾아보았어요.
어렸을 때 산 장난감 자전거(자동차)도 있고 작년에 재미있게 읽었던 그림책도 있어요.
지금도 잘 타고 다니는 자전거도 생각났어요.
작년에 새로 산 색연필(연필)도 열 자루나 돼요.
"선생님이 안 쓰는 물건을 가져오라고 하셨는데……."
자전거는 요즘도(지금도) 타는 물건이니까 팔면 안 되겠죠? 어떤 물건을 팔면 좋을까요?
하늘이는 곰곰이 고민(생각)하다가 드디어 마음을 정했어요.
"그래, 장난감 자동차랑 그림책 그리고 연필로 결정!"
"이제 물건의 값(가격)을 어떻게 정하지?"
장난감 자동차와 그림책, 연필을 보며 골똘히 생각했어요.
"장난감 자동차는 내가 세(네) 살 때 산 거니까 싸게 팔아야지."
"그림책은 아직도 새 책 같으니까 좀 비싸게."
"연필은 정말 새것이니까 동화책(그림책)보다 비싸게 정하자."
하늘이는 물건을 하나씩 살펴보며 가격을 정했어요.
장난감 자동차는 200원, 그림책은 300원, 연필은 400원이에요.
"이 정도 가격이면 전부(모두) 팔릴 거야!"
하늘이는 자신만만했어요.

정답: 9개

1. 다섯 고개 넘기 p. 68~69

1 종이로 되어 있습니다.
1년밖에 못 씁니다.
글자보다 숫자가 많습니다.
32라는 숫자는 없습니다.
오늘의 날짜를 알려줍니다. 정답: 달력

2 소리가 납니다.
악기입니다.
너무 무거워서 가지고 다닐 수 없습니다.
의자에 앉아서 연주합니다.
흰색과 검은색 건반으로 이루어져 있습니다. 정답: 피아노

3 문구점에서 살 수 있습니다.
2개의 구멍이 있습니다.
어린이용도 있고 어른용도 있습니다.
다치지 않게 조심해서 사용해야 합니다.
주로 무엇을 오릴 때 사용합니다. 정답: 가위

4 과일입니다.
주스나 잼을 만들어 먹기도 합니다.
씨를 함께 먹는 사람도 있습니다.
초록색도 있고 보라색도 있습니다.

여러 개의 알을 가지고 있습니다. 정답: 포도

5 전기를 먹고 삽니다.
부엌에 있습니다.
여러 개의 칸으로 나누어져 있습니다.
겨울보다 여름에 더 많이 씁니다.
음식들을 시원하게 해주며 얼음도 만들 수 있습니다. 정답: 냉장고

6 여름에 많이 사용합니다.
시원한 바람을 만들어줍니다.
들고 다닐 수 있습니다.
접을 수 있는 것도 있습니다.
전기 대신 손을 이용해야 합니다. 정답: 부채

7 여행 갈 때 필요합니다.
어두울 때도 쓸 수 있지만 밝을 때 쓰는 것이 더 좋습니다.
이것을 쓸 때는 움직이면 안 됩니다.
치즈 혹은 김치와 잘 어울립니다.
'찰칵' 소리가 납니다. 정답: 카메라(사진기)

8 채소입니다.
길쭉하게 생겼습니다.

갈아서 주스로 만들어 먹기도 합니다.
토끼가 좋아합니다.
주황색입니다. 정답: 당근

9 더위를 식혀줍니다.
먹는 것입니다.
단맛이 납니다.
빨리 먹지 않으면 얼굴이나 옷을 더럽힐 수 있습니다.
냉동실에 보관해야 합니다. 정답: 아이스크림

10 길쭉합니다.
접을 수 있는 것도 있습니다.
바람이 세게 불면 잘 망가집니다.
손잡이가 있습니다.
비가 올 때 사용합니다. 정답: 우산

2. 이야기 듣고 맞추기 p. 70~71

1 훈장님과 꾀돌이

옛날 어느 마을에 서당이 있었는데, 훈장님이 아이들의 재치를 시험하기 위해 문제를 하나 냈습니다. "누구든지 나를 방 밖으로 나가게 하는 사람이 있다면 상을 주겠다."

아이들은 훈장님을 방 밖으로 나가게 하려고 갖은 수를 썼습니다.

"훈장님, 댁에 불이 났대요."

"훈장님, 친구 분이 찾아오셨어요."

아이들은 여러 가지 꾀를 내어 말했지만 훈장님은 꼼짝도 하지 않으셨지요.

그런데 다른 아이들과 달리 유독 한 아이만 아무 말도 하지 않고 가만히 앉아 있었어요.

바로 꾀돌이였습니다. 이상하게 생각한 훈장님이 꾀돌이에게 물었어요.

"너는 왜 아무 말도 하지 않는 것이냐?"

"훈장님을 방 밖으로 나가시게 할 재주가 없어서 그렇습니다. 그러나 훈장님께서 방 밖에 계시면 들어오시게 할 수는 있습니다."

훈장님은 방 안에서 밖으로 나가는 것과 방 밖에서 안으로 들어오는 것이 같다 생각하시고 밖으로 나갔습니다.

"자, 그럼 이제 나를 안으로 들어가게 해보아라."

"훈장님, 밖으로 나가셨지요? 그 상은 저에게 주십시오."

1) 훈장님과 아이들이 있었던 곳은 어디였나요? 서당

2) 훈장님은 아이들에게 무엇을 하면 상을 주겠다고 하셨나요? 훈장님을 방 밖으로 나가게 하면

3) 훈장님을 밖으로 나가게 하기 위해 아이들이 낸 꾀는 무엇이었나요?

훈장님 댁에 불이 났대요 / 친구 분이 찾아오셨어요

4) 결국 훈장님을 방 밖으로 나가게 한 아이는 누구였나요? 꾀돌이

2 번데기의 변신

옛날 어느 숲 속에 개미 한 마리가 살고 있었습니다. 어느 날 개미는 친구 집에 가던 중에 나무에서 떨어진 번데기를 발견했습니다. 번데기는 낙엽들과 함께 꼬물거리고 있었습니다. 개미는 번데기에게 말을 걸었습니다.

"너는 참 이상하게 생겼구나. 왜 다리도 없고 날개도 없니?"

"응, 나는 다리도 없고 날개도 없어. 그래서 이렇게 꼬물거리면서 움직일 수밖에 없단다."

번데기가 대답했습니다.

"너처럼 이상하게 생긴 애가 우리 숲 속에 함께 산다니 참 창피한 일이야. 적어도 나처럼 튼튼한 다리는 있어야 할 거 아니야."

개미는 번데기를 비웃으며 가던 길을 갔습니다.

며칠 후 개미가 웅덩이에 빠져 허우적거리고 있었습니다. 그때 개미의 머리 위에 아름다운 노란색 나비 한 마리가 날고 있었습니다. 나비는 말했습니다.

"안녕, 개미야. 나는 지난번에 네가 놀렸던 번데기야. 나는 이제 날개가 있어서 어디든 날아갈 수가 있어. 그런데 너는 땅도 제대로 못 걸어 다니는 모양이구나."

이번에는 나비가 개미를 비웃으며 아름다운 꽃밭으로 날아갔습니다. 개미는 겉모양만 보고 남을 비웃었던 자신을 후회했습니다.

1) 개미는 어디를 가던 중에 번데기를 만났나요? 친구 집

2) 나무에서 떨어진 번데기는 무엇과 함께 꼬물거리고 있었나요? 낙엽

3) 나비가 된 번데기는 무슨 색깔이었나요? 노란색

4) 개미를 비웃은 후 나비는 어디로 날아갔나요? 꽃밭

3 호랑이의 결혼

사람을 잡아먹는 무서운 호랑이가 있었습니다. 어느 날 호랑이는 한 아가씨가 노래를 부르며 걸어가는 것을 보게 되었습니다. 아가씨의 꾀꼬리 같은 목소리에 반한 호랑이는 아가씨와 결혼하기로 결심했습니다. 호랑이가 아가씨의 집을 찾아가 문을 두드리자 아가씨의 어머니가 문을 열었습니다.

"어흥! 나는 이 세상에서 힘이 제일 센 호랑이다. 네 딸과 결혼을 하러 왔으니 어서 딸을 데리고 나오너라."

호랑이가 소리치자 어머니는 무서움에 벌벌 떨었습니다. 이때 집 안에 있던 아버지가 정신을 차리고 꾀를 내었습니다.

"예, 누구의 명령인데 거역하겠습니까? 제 딸과 결혼하십시오. 그런데 제 딸은 지금 시장에 가고 집에 없습니다. 제 딸이 올 때까지 여기서 잠시 기다리시지요."

호랑이를 안심시킨 아버지는 호랑이에게 들리게 큰 소리로 혼잣말을 했습니다.

"흠, 그런데 어쩌지? 우리 딸은 겁이 아주 많은데. 저렇게 멋지고 씩씩한 호랑이를 보고 겁을 먹고 결혼을 안 하겠다고 하면 어쩌나? 저 날카로운 이빨과 발톱만 없다면 우리 딸도 분명 호랑이와 결혼하고 싶어 할 텐데. 그것 참 걱정이군."

이 이야기를 들은 호랑이는 "맞아! 내 이빨과 발톱 때문에 아가씨가 겁을 먹을 수 있겠군" 하며 스스로 자기의 이빨과 발톱을 모두 뽑아버렸습니다. 그러자 아버지는 얼른 몽둥이로 호랑이를 때려잡았습니다. 이빨과 발톱이 모두 빠진 호랑이는 맥없이 맞을 수밖에 없었습니다. 그 뒤로 호랑이는 어디론가 사라져 다시는 돌아오지 않았습니다.

1) 호랑이는 아가씨의 무엇에 반했나요? 꾀꼬리 같은 목소리

2) 청혼을 하기 위해 호랑이가 아가씨 집에 갔을 때 문을 열어준 사람은 누구였나요? 어머니

3) 청혼을 하기 위해 호랑이가 아가씨 집에 갔을 때 아가씨는 어디에 갔었나요? 시장

4) 아버지는 호랑이의 무엇 때문에 딸이 겁을 먹을 것 같다고 말했나요? 이빨과 발톱

3. 손뼉 치기 p. 72~73

1 동물이 나올 때마다 손뼉을 치세요.

※ 바다와 육지에 사는 '동물'이 등장하면 박수를 칠 수 있도록 지도해주세요.

깊은 바다 용왕님이 큰 병이 나셨네. 몇 날 며칠 끙끙 앓고 있는데 병을 다스리는 신선이 말해주었지. "땅에 사는 토끼 간을 드셔야 낫지요!"
"토끼를 잡아 오는 자에게 큰 벼슬을 내릴 것이다. 자라, 새우, 가자미, 문어, 고래 가운데 누가 가겠느냐? 옳지, 바다에서도 살고, 땅에서도 사는 자라, 네가 좋겠구나!"
용왕님은 자라를 땅으로 보냈어. 귀가 쫑긋, 두 눈은 동글, 꼬리는 몽땅, 콧구멍은 벌름벌름. 자라는 그림을 한 장 들고 땅으로 올라왔어. 다람쥐도 곰도 아닌 토끼 그림! 힘들게 토끼를 만난 자라는 이렇게 말했지. "아이고, 반갑소, 토끼 선생! 용왕님껜 당신같이 영리한 신하가 필요하다오. 호랑이, 여우 걱정 말고 바닷속에서 편히 지내시오."
그 말에 귀가 솔깃한 토끼, 갈까 말까 망설이다가 자라 등을 타고 바닷속으로 풍덩! 알록달록 아름다운 바닷속과 으리으리 눈부신 용궁! 토끼는 이게 꿈인가 넋을 놓고 보는데 별안간 신하들이 몰려와, "토끼다! 어서 용왕님께 바쳐라." 꽁꽁 묶인 토끼에게 용왕님은 말했어.
"고맙구나, 토끼야. 네 간을 내놓고 내 병을 살리려 먼 곳까지 왔구나!"
그제야 깨달은 토끼, 꾀를 내어 말했지. "용왕님! 어쩌지요? 제 간은 산속 깊이 잘 숨겨두고 왔습니다. 간은 보름달의 기운을 받아야 약이 되는걸요."
이리해서 자라 등에 다시 오른 토끼, 출렁출렁 물결 헤치고 땅에 올라와서, "살았구나. 살았어! 용왕님 목숨도 귀하지만 내 목숨도 귀하단다." 그러고는 산으로 깡충깡충 도망가버렸지.

정답: 27번

2 가가 나올 때마다손뼉을 치세요.

"불퉁아, 장 보러 가자."

엄마가 시장 가방을 들어요. 불퉁이도 반짝이 가방을 챙겨요.

"엄마, 가방이 너무 무거워요."

"아니, 무얼 이렇게 많이 담았니?"

"모두 다 필요한 거예요."

"아니, 아니야. 정리를 좀 해보자! 무슨 색 물건만 가져갈래?"

엄마는 반짝이 가방 속의 물건들을 분홍색끼리, 노란색끼리 모았어요.

"아니, 아니요. 다시, 다시요."

엄마는 다시 물건들을 동그라미끼리, 네모끼리 모았어요.

"무슨 모양만 가져갈래?"

"아니, 아니요. 다시, 다시요."

"음, 잠깐만요! 이번엔 내가 할래요."

불퉁이는 물건들을 모았다 가르고, 다시 모았다 갈랐어요.

"끝! 이제 다 됐어요."

"그래, 무엇들을 가져갈 거니?"

"하나씩이요. 제일 맛있는 간식 하나, 제일 좋아하는 장난감 하나, 제일 예쁜 장신구 하나요."

불퉁이는 다시 반짝이 가방을 들고 사뿐사뿐 장을 보러 갑니다.

"아이, 가벼워!"

정답: 13번

4. 다른 단어 찾기 p. 74~75

※ 괄호 부분은 제외하고 읽어주세요. 책 읽는 속도로 읽어주시는 것이 좋습니다.

어느덧 11월이 되었어요.
네(세) 사람이 여행을 떠난 지 벌써 열 달이 흘렀어요.
그들이 독일에 도착했을 때는 매서운 바람이
부는 추운 날씨가 계속되고 있었어요.
셋 중 나이가 가장 많은 멜키오르는 몸 상태가 매우(많이) 안 좋았어요.
"에취, 에취! 콜록콜록."
감기에 걸려 열도 많이 나고 콧물(기침)도 끊이지 않았어요.
하지만 발타사르는 새로 도착한 마을(곳)을 여기저기 찾아다니고(돌아다니고) 싶었어요.
이곳(마을)은 동화 속에 나오는 마을같이 아기자기하고 귀여웠거든요(예뻤거든요).
사람 모양과 집 모양, 동물 모양의 조각들이 마을 곳곳의 건물(나무)에 매달려 있었어요.
"오호! 이것들이 뭘까? 아하, 과자로 만들었네. 멋지다(신기하다)!"
밖(거리)에서 과자를 팔고 있는 사람들이 있었는데 이 과자가 진저브레드래요.
발타사르는 진저브레드를 두(한) 봉지 받은(산) 후 하나를 먹어 봤어요.
달콤하면서도 쌉싸래한 생강 맛이 조금(살짝) 나는 게 맛있었어요.
감기로 힘들어하는 멜키오르에게 도움이 될 것 같았어요.
발타사르는 멜키오르에게 따뜻한 차와(물과) 진저브레드를 건넸어요.
멜키오르는 맛있게 먹고는 행복한 얼굴로(표정으로) 잠이 들었어요.
두 사람도 멜키오르가 빨리 낫기를 바라며 잠자리에 들었답니다.

2단계

독일의 진저브레드는 사람들(아이들)이 간식으로 자주 먹는 생강 과자예요.
겨울철에 아이들의 감기를 예방하기 위해 꿀과 생강을 넣어 만들지요.
크리스마스 철에는 사람, 집, 동물 등
여러(다양한) 모양으로 만들어 나무에 걸어 장식해요.
2미터가 넘는 큰 산타클로스 모양의 진저브레드를 구워
교회(학교)에서 나누어 먹기도 해요.

정답: 18개

정답

1. 다섯 고개 넘기 p. 76~77

1 동물입니다.
포유류입니다.
야행성입니다.
날개가 있습니다.
거꾸로 매달려 생활합니다.

정답: 박쥐

2 가족입니다.
같이 사는 집도 있고 따로 사는 집도 있습니다.
아빠보다 나이가 많습니다.
남자입니다.
아빠의 아빠입니다.

정답: 할아버지

3 가늘고 깁니다.
쇠로 만들어졌습니다.
귀가 하나입니다.
뾰족한 부분이 있습니다.
옷을 꿰맬 때 씁니다.

정답: 바늘

4 다리가 10개 있습니다.
바다에서 삽니다.
몸이 아주 딱딱합니다.
밥 반찬으로 먹기도 합니다.

옆으로 걷습니다. 정답: 게

5 한 쌍으로 되어 있습니다.
무거운 것도 있고 가벼운 것도 있습니다.
이것을 올바르게 사용하기 위해 연습을 하기도 합니다.
음식을 먹거나 물건을 잡을 때 사용합니다.
밥을 먹을 때 숟가락과 함께 사용합니다. 정답: 젓가락

6 먹는 것입니다.
보통 어른들보다는 아이들이 더 좋아합니다.
둥근 모양이고 크기는 다양합니다.
그냥 먹기에 너무 커서 보통 여러 조각으로 나누어 먹습니다.
치즈가 듬뿍 들어가야 맛있습니다. 정답: 피자

7 소리가 납니다.
숫자를 눌러야 사용할 수 있습니다.
많이 쓸수록 더 많은 돈을 내야 합니다.
얼굴을 볼 수 있는 것도 있습니다.
멀리 있는 사람과 이야기하기 위해 필요합니다. 정답: 전화기

8 교통수단입니다.
많은 사람이 탈 수 있습니다.

날개는 없습니다.

창문을 열 수 있습니다.

바퀴가 4개입니다. 정답: 버스

9 화장실에 있습니다.

물이 있어야 쓸 수 있습니다.

기분 좋은 향기가 나는 것도 있습니다.

거품이 납니다.

주로 손이나 얼굴을 씻을 때 사용합니다. 정답: 비누

10 곤충입니다.

여러 가지 색이 있지만 대부분 검은색입니다.

땅속에 집을 짓습니다.

여왕도 있습니다.

단 음식을 좋아합니다. 정답: 개미

2. 이야기 듣고 맞추기 p. 78~79

1 장난꾸러기 신랑

조선시대 송시열 대감 젊었을 때 장난꾸러기로 소문났지. 혼례청에서는 신부가 말을 하면 안 되는데 동무들이 혼례청에서 신부한테 말 시킬 수 있나 내기하자 하니까 자신만만해했지. 송시열은 장가가는 날 혼례청에 들어가서 신부한테 절할 차례가 되어도 일부러 절하지 않고 서 있기만 했지. 어서어서 절하라고 해도 뻣뻣이 서 있기만 했지. 왜 그러고 있느냐 하니까 우리 할머니도 벙어리이고 우리 어머니도 벙어리인데 신부마저 벙어리면 절대 결혼하지 않을 거라며 신부가 말 한번 해보라고 했지. 신부는 혼례청에서 말을 하면 안 되지만 신랑의 그 말에 말을 안 할 수 없었지. 신부가 혼례청에서 말을 한 덕에 신랑 송시열은 동무들과의 내기에서 이겼지. 그 바람에 동무들한테 한턱 잘 얻어먹고.

1) 조선시대 송시열 대감은 젊었을 때 무엇으로 소문이 났었나요? 장난꾸러기

2) 동무들끼리 무슨 내기를 했나요? 혼례청에서 신부한테 말 시키기

3) 송시열은 신부에게 할머니와 어머니가 무엇이라고 거짓말을 했나요? 벙어리

4) 내기에서 이긴 사람은 누구입니까? 신랑 송시열

2 피터와 호랑이

어느 여름 날, 피터라는 꼬마 아이는 혼자 방에서 TV를 보고 있었습니다. 엄마는 부엌에서 저녁을 준비하고 계셨고, 아빠는 아직 퇴근을 하지 않은 때였습니다.

"엄마, 제 침대 위에서 호랑이가 TV를 보고 있어요."

피터는 바쁘게 저녁을 준비하고 계신 엄마에게 다가가 귓속말로 얘기하였습니다.

피터가 TV에서 본 장면을 얘기하는 줄로 생각한 엄마는 피터의 말을 믿지 않았습니다. 잠시 후, "피터야, 저녁 먹어야지" 하며 피터의 방문을 열었던 엄마는 자신의 눈을 믿을 수 없었습니다. 피터의 말처럼 진짜 호랑이가 침대 위에 버젓이 누워 TV를 보고 있는 게 아니겠어요? 너무나 놀라고 당황한 엄마는 피터를 데리고 허겁지겁 집 밖으로 달려 나왔습니다.

피터와 엄마가 나가자 호랑이는 조용한 집 안이 마음에 드는 듯 금방 스르르 잠이 들었습니다. 몇 분 후 피터 엄마의 전화를 받고 달려온 119 대원들이 피터의 방문을 열었을 때, 그때까지 호랑이는 깊은 잠에 빠져 있었습니다. 그래서 119 대원들은 별 어려움 없이 안전하게 호랑이를 동물원으로 데려갈 수 있었습니다.

1) 피터가 엄마에게 호랑이 이야기를 했을 때 엄마는 무엇을 하고 있었나요? 저녁 준비

2) 호랑이는 피터 방의 어디에서 TV를 보고 있었나요? 침대 위

3) 방에서 호랑이를 본 피터의 엄마가 한 행동은 무엇이었나요? 두 가지를 말해보세요.

피터를 데리고 집 밖으로 달려 나왔다 / 119에 전화를 걸었다

4) 119 대원들이 피터의 방문을 열었을 때, 호랑이는 무엇을 하고 있었나요?

깊은 잠에 빠져 있었다

3 경복궁

조선의 태조 이성계를 돕던 무학대사가 경복궁을 지을 터를 구하고 있었습니다. 그 당시 무학대사는 경복궁을 지어 놓으면 자꾸 무너져 좋은 터를 구하기 위해 이곳저곳 부지런히 돌아다니고 있었습니다.

하루는 무학대사가 길을 걷던 중에 농부가 소를 몰면서 밭을 가는 모습을 보았습니다. 그런데 소가 말을 안 듣고 밭을 잘 갈지 않으니까 농부가 "이 놈의 소, 무학같이 미련한 소야" 하고 소를 마구 나무랐습니다. 무학대사는 시치미를 뚝 떼고 농부에게 "어째서 무학이 미련한가?" 하고 물었습니다. 농부는 한양이라는 터전은 학 모양으로 되어 있어 4대문을 먼저 지어 날개를 눌러 놓고 경복궁을 지어야 하는데 무학은 그렇게 하지 않으니 미련한 것이라고 대답하였습니다.

무학대사는 그 말을 듣고 무릎을 탁 쳤습니다. '옳거니 그 말이 맞다' 하고 4대문을 먼저 짓고 경복궁을 나중에 지으니 그 뒤에는 경복궁이 무너지지 않았다고 합니다.

1) 조선 태조의 이름은 무엇인가요? 이성계

2) 무학대사가 지으려고 했던 궁의 이름은 무엇인가요? 경복궁

3) 농부는 한양의 터전이 어떤 동물의 모양으로 되어 있다고 했나요? 학

4) 무학대사는 궁이 무너지지 않게 하기 위해 무엇을 먼저 지었나요? 4대문

3. 손뼉 치기 p. 80~81

1 리가 나올 때마다 손뼉을 치세요.

옛날 중국에서 우리나라에 요구하길 다섯 근짜리 콩과 서 근짜리 팥을 가지고 오라 했거든.
우리나라에서는 난리가 난 거야. 다섯 근짜리 콩과 서 근짜리 팥이 어디 있겠어?
그런데 열 살짜리 꼬마가 나서서 자기가 구해 오겠다고 큰소리를 쳤어.
우리나라의 높은 관리는 어디에서 다섯 근짜리 콩과 서 근짜리 팥을 구하냐고 했더니
열 살짜리 꼬마는 자기한테 모든 것을 맡겨 달라고 했지.
그래서 두고 보았더니 콩 한 개를 닦아서 종이에 싸고 썩은 팥 한 개를 또 종이에 싸서 중국에
가지고 갔지. 그러고는 중국 관리에게 "이게 닦은(닷 근) 콩이고, 이게 썩은(서 근) 팥이오" 하니
중국 사람들이 모두 혀를 내둘렀대.

정답: 15번

2 다가 나올 때마다 손뼉을 치세요.

소파 아저씨가 손가락 두 개로 상을 번쩍 들고 와 소파 앞에 턱 하니 내려놓았기 때문이다.
상 위에는 순대로 만든 샐러드, 색색의 젤리 구이,
아이스크림을 바른 토스트 등 괴상한 음식들뿐이었지만 냄새는 기막혔다.
"이야, 맛있겠다."
영남이가 못 참고 가장 먼저 포크를 집었다.
"참 먹음직스럽구나. 꿈틀꿈틀 젤리 구이."

3단계

아빠는 의외로 젤리 구이를 뚫어지게 쳐다봤다.

얼른 입에 넣어 달라는 눈치였다.

"되게 맛있다. 어떻게 한 거예요, 아저씨?"

영남이가 입맛을 쩝쩝 다셨다.

"푸하하하, 맛 좋지? 더 구워 줘? 하하하, 그거야 뭐 일도 아니야."

소파 아저씨는 기쁜 표정으로 일어나 안방에서 다리미를 가지고 나왔다.

다리미에서 금방 구은 듯한 순대 냄새가 났다.

"으악! 그럼 여기다 몽땅?"

영도가 머리를 쳤다.

"이봐, 이봐! 내 이럴 줄 알았다니까! 다리미에 음식을 굽다니, 불이라도 나면 어쩔 뻔했어?"

아빠의 호통에도 소파 아저씨는 말없이 일어나더니 다리미 바닥에 계란을 깨트렸다.

"오, 이번엔 계란 프라이!"

영도와 영남이가 입맛을 다셨다.

"그나저나 늦겠다, 얼른 학교 다녀와."

소파가 된 아빠와 아빠가 된 소파 아저씨가 동시에 말했다.

"따라 하지 마!"

"소파 주제에!"

"소파에 들러붙어서 아무것도 안 하는 주제에."

"대신 너처럼 사고는 안 쳐!"

아빠와 소파 아저씨는 으르렁거렸다.

영도 형제가 신발을 신고 집을 나서려는데 아빠가 소리 질렀다.

정답: 28번

4. 다른 단어 찾기 p. 82~83

※ 괄호 부분은 제외하고 읽어주세요. 책 읽는 속도로 읽어주시는 것이 좋습니다.

동생은 스님을 다락방에 숨겨주었다.
동생네 다락방에 숨어 온(하루)종일 일없이 지내던 스님은
어느 날 먹다 남은 밥알을 뭉쳐 아주 큰(작은) 괴물 모양의 인형을 만들었다.
그런데 이 괴물이 저절로(스스로) 살아나 다락방 여기저기를(구석구석을) 돌아다니며
무엇이든 닥치는 대로 먹어 치우기 시작했다.
괴물이 처음 먹은 것은 다락방의 휴지(먼지)였다.
그러다 비늘(바늘) 하나를 날름 먹더니 그 뒤로는
못, 숟가락, 젓가락 같은(등) 모든 쇠붙이를 다 먹게 되었다.
쇠붙이를 먹으면 먹을수록 괴물의 몸은(덩치는) 점점 커졌다.
괴물은 집 안에 더 먹어 치울 쇠붙이가 없자 다락방을 벗어나(떠나) 거리로 나갔다.
괴물이 다락방에서 나가자 스님도 짐을 쌌다(꾸렸다).
"그동안 고마웠다. 이건 나의(내) 조그만 선물이니 나중에 도성에 큰일이 나거든 펼쳐(펴) 보아라."
스님은 동생에게 쪽지 하나를 남기고 동쪽(남쪽)으로 떠났다.
스님이 떠나고 난 다음 날부터 이웃(주변) 마을이 시끌시끌해졌다.
"자네 집 농기구는 멀쩡한가?"
"아이고, 말도 말게. 쟁기며 도끼, 호미까지 다(모두) 사라져 버렸다네. 그런데 이게 도대체 무슨 일인가?"
괴물이 마을을 돌아다니며 쇠붙이를 싹 먹어 치우자
사람들(백성)은 그 이유(까닭)를 알지 못해 다들 불안에 떨었다.

며칠(얼마) 뒤 온갖 쇠붙이를 먹어 치우며 점점 몸집을 불린 괴물이
드디어(마침내) 도성에 나타났다.
"저게 뭐지?"
집채만큼 커진 스님(괴물)을 보고 백성은 놀라서 돌을 집어 던지며 몸을 숨겼다(피했다).
하지만 돌은 괴물의 몸에 아무런 상처도 내지 못했다.
"도성 안에 괴물이 나타났다!"
백성이 놀라 고함치자(소리치자) 마침내 도성을 지키는 병사(군사)들이 나섰다.
"저놈을 잡아라!"
군사들은 칼과 방패를(창을) 들고 괴물과 맞서 싸웠다.

정답: 24개

3장 작업 기억력

1. 사물 기억하기

'사물 기억하기'는 소리로 들은 사물을 순서대로 기억하여 적는 활동입니다. 사물을 들으면서 동시에 워크북에 표시를 하는 것이 아니라, 소리를 다 들은 후에 불러준 순서대로 사물 옆에 숫자로 표시를 하도록 합니다. 제일 먼저 들은 사물 옆에 1, 두 번째로 들은 사물 옆에 2, 세 번째로 들은 사물 옆에 3 이렇게 쓰는 것입니다. 엄마가 읽어줄 때는 너무 천천히 읽거나 너무 빨리 읽지 말고, 1초에 하나씩 사물을 읽어주세요.

기억력이 높은 아이라면 그림을 펼치지 않은 상태에서 들려주는 소리를 먼저 듣게 한 후, 그림을 보여주는 것도 좋습니다. 또 연령이 높은 아이에게는 들려주는 사물을 그림으로 보지 않고 종이에 쓰게 하는 것도 좋습니다. 사물 기억하기가 끝난 후에는 "이것들은 어떤 점이 비슷하니?" 하고 물어보는 것도 좋습니다. 이런 질문은 사물을 유목화하고 상위 개념을 파악하는 능력을 높여줍니다. 예를 들어 사과, 오렌지, 바나나는 모두 과일이라는 공통점이 있다는 것을 알게 하면 추상적 개념 형성 능력도 함께 향상됩니다.

2. 탐정 놀이

'탐정 놀이'는 사물의 세세한 부분을 묘사하는 청각 정보에 집중해야 하는 놀이입니다. 상황을 묘사하는 첫 문단과 찾아야 하는 사물의 특성을 묘사하는 둘째 문단 사이에 1~2초의 시간 간격을 두어 아이에게 마음의 준비를 시키는 것이 좋습니다. 문제는 한 번만 읽어줄 테니 놓치지 말고 잘 들으라고 말해준 후, 다른 활동과 마찬가지로 평소 책 읽는 속도로 지시문을 읽어주세요. 불러주는 내용을 적지 말고 머릿속에 기억하라고 하세요. 문제를 다 들은 후에도 답을 맞히지 못하는 경우, 처음부터 다시 읽어주는 것은 괜찮지만, 아이가 놓친 중간 부분만 반복해서 읽어주지는 마세요. 아이가 문제를 듣는 도중에 성급하게 답을 하기보다는 문제를 끝까지 차분하게 들은 후에 답을 선택하도록 지도해주시기 바랍니다.

3. 머릿속으로 계산하기

'머릿속으로 계산하기'는 종이와 연필을 이용하지 않고 머릿속으로 암산을 하는 활동입니다. 종이와 연필은 사용하지 못하지만, 손가락을 이용해서 수를 세거나 손으로 종이나 바닥에 가상의 숫자를 써 가며 푸는 것은 괜찮습니다. 머릿속으로 계산하기를 잘하기 위해서는 우선 들려주는 서술형 산수 문제에 귀 기울여 집중해야 하고, 들은 정보를 바탕으로 사칙 연산을 해야 합니다. 종이와 연필을 사용할 수 없기 때문에 머릿속으로 계산을 하는 동안에 들은 정보를 머릿속에 저장한 채 필요에 맞게 변형하는 훈련을 할 수 있게 됩니다.

문제는 한 번만 읽어줄 테니 머릿속에 잘 저장하며 들으라고 말해준 후, 숫자 부분을 특히 정확하게 읽어주세요. 처음부터 끝까지 문제를 다 푼 후, 정확히 듣지 못했거나 계산이 어려웠던 문제에 표시를 하게 한 후, 다시 한 번 문제를 들려주는 것이 좋습니다.

4. 기호 계산

'기호 계산'은 기호와 짝이 되는 숫자를 찾아서 기호로 된 문제를 푸는 활동입니다. 작업 기억력을 높이기 위해서는 기호 계산을 하는 동안 기호 옆에 숫자를 써 넣지 못하게 해야 합니다. 먼저 찾은 기호의 숫자를 머릿속에 저장해놓은 채로 다음 기호의 숫자를 찾아야 하고, 두 숫자 모두를 찾은 후에는 연산 기호를 잘 보고 문제를 풀어야 합니다.

기호 계산을 빠르게 하기 위해서는 기호와 짝이 되는 숫자 1~3개를 외우게 하는 것도 좋습니다. 외운 기호와 숫자는 눈으로 찾지 않아도 되기 때문에 그만큼 시간을 단축할 수 있습니다. 단, 연령이 낮거나 기억력이 부족한 아이에게는 이 방법을 권하지 않습니다.

기호와 짝이 되는 숫자는 잘 찾아 기억했지만 더하기 빼기 기호를 제대로 체크하지 못해 실수하는 경우도 많습니다. 정답을 확인하기 전에 아이 스스로 자신의 실수를 발견할 수 있게 점검 시간을 주고, 자신의 실수를 발견한 경우 크게 칭찬해주는 것이 좋습니다.

정답

1. 사물 기억하기 p. 86~89

1 사과, 오렌지, 바나나

2 텔레비전, 컴퓨터, 선풍기

3 모자, 가방, 운동화

4 지우개, 연필, 볼펜

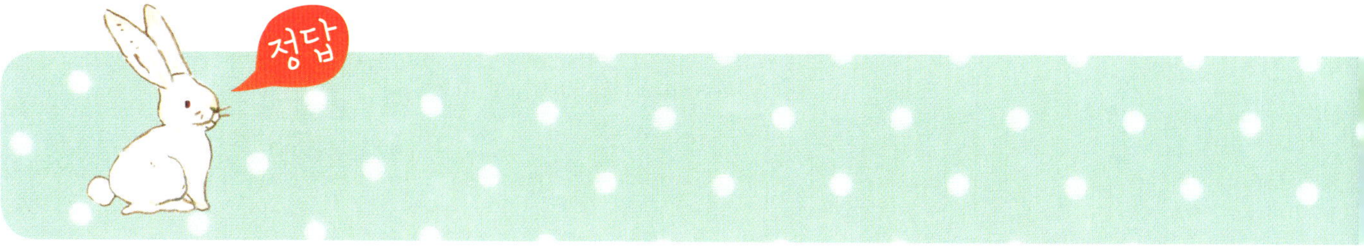

5 도넛, 달걀 프라이, 우유

6 아이스크림, 사탕, 초콜릿

7 경찰, 의사, 요리사

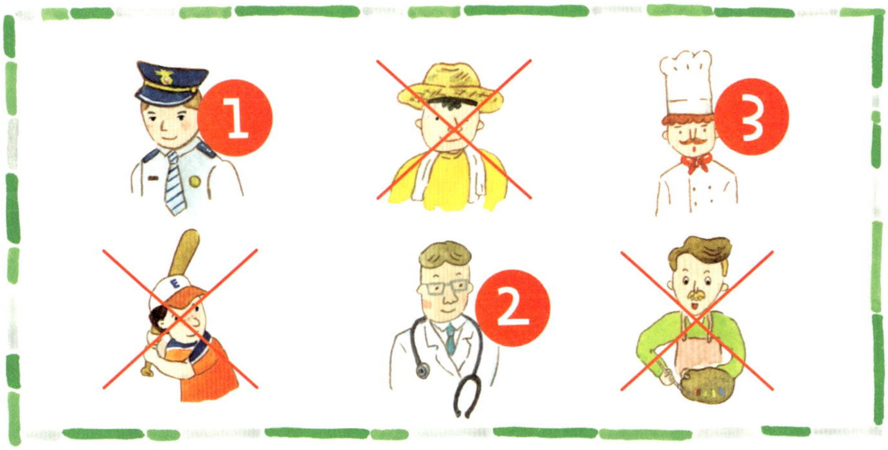

8 국자, 숟가락, 칼

2. 탐정 놀이 p. 90~93

1 야! 신난다. 아침부터 주희는 기분이 좋습니다. 모처럼 가족들과 함께 소풍을 가는 날이기 때문입니다. 공원에 도착한 주희는 신나게 공놀이를 하며 놀고 있었습니다. 앗! 그런데 갑자기 바람이 불어서 주희의 모자가 날아갔습니다. 주희의 모자를 찾아주세요.

주희의 모자는 햇빛을 막을 수 있는 넓은 창이 있고, 예쁜 분홍색 리본이 달려 있습니다. 모자의 색깔은 빨간색입니다.

2 무더운 여름이 찾아왔어요. 더운 날씨로 사람들이 부채를 들고 다니며 더위를 식히고 있어요. 더위를 잘 타는 아름이도 부채를 사기로 마음먹었답니다. 친구와 함께 예쁜 부채를 파는 문구점으로 들어간 아름이는 마음에 쏙 드는 부채를 골랐습니다. 아름이의 부채를 찾아주세요.

아름이의 부채는 둥근 모양이고, 두 명의 여자아이가 바닷가에서 물놀이를 하는 그림이 그려져 있습니다. 두 명의 여자아이 중 한 아이는 예쁜 치마를 입고 있고, 다른 아이는 튜브를 가지고 있답니다.

3 투두둑, 투두둑! 창밖에서 빗방울 떨어지는 소리가 납니다. "설아야! 비 오니까 우산 가져가는 거 잊지 마. 늦었으니까 얼른 서두르고!" 엄마가 재촉하는 소리도 함께 들립니다. 설아는 얼른 자기 우산을 찾기 시작했습니다. 설아의 우산은 무엇일까요?

설아의 우산은 빨간색입니다. 우산 색깔이 분홍색 장화에 어울리면서도 눈에 잘 띄어서 안전하고 좋습니다. 또 우산 한 쪽에 노란색 꽃이 하나 그려져 있습니다. 손잡이는 검은색입니다.

4 수연이는 아빠의 책상을 참 좋아합니다. 아빠 책상에는 어려운 말로 써 있는 책들도 많이 꽂혀 있고 컴퓨터도 놓여 있습니다. 책상에 앉아서 일을 하시는 아빠의 모습은 너무 자랑스럽고 멋있습니다. 수연이가 좋아하는 아빠의 책상을 찾아주세요.

수연이 아빠의 책상 위에는 노트북과 책꽂이가 있습니다. 책꽂이에는 4권의 책이 꽂혀 있습니다. 책상 한쪽에는 필기구 통이 있고 그 안에는 가위와 연필 여러 개가 꽂혀 있습니다.

5 오늘은 현아의 생일입니다. 현아는 아침부터 너무나 설렙니다. 그동안 받고 싶었던 선물을 받을 수 있기 때문입니다. 현아는 한 달 전부터 부모님께 멋진 수영복을 선물로 사달라고 졸랐었는데, 오늘 아빠가 수영복을 사 오셨습니다. 현아는 뛸 듯이 기뻤습니다. 현아가 생일선물로 받은 수영복을 찾아주세요.

현아의 수영복은 파란색이고 반짝이는 별 모양이 하나 있습니다. 별 모양은 노란색입니다. 수영복 아래쪽에는 초록색 테두리가 있습니다.

6 한결이는 우리 반에서 제일가는 장난꾸러기입니다. 오늘 체육시간에도 한결이는 엄청난 장난을 쳤습니다. 달리기를 하려고 서 있는 동호에게 살금살금 다가가서 동호의 바지를 내린 것입니다. 우리 반 아이들은 모두 동호의 팬티를 보고 웃음을 터뜨렸습니다. 당황한 동호는 엉엉 울었습니다. 우리가 본 동호의 팬티는 어떤 것일까요?

동호의 팬티는 하늘색입니다. 팬티에는 하얀색 토끼 두 마리가 그려져 있습니다.

7 수빈이는 친구들과 함께 놀이터로 가던 중 바닥에 떨어져 있던 지갑을 발견했습니다. 수빈이와 친구들은 그 지갑을 경찰아저씨께 가져다드렸습니다. 수빈이가 주운 지갑을 찾아주세요.

수빈이가 주운 지갑은 가운데 커다란 하트 모양이 하나 그려져 있는 분홍색 지갑입니다. 하트는 빨간색입니다. 지갑 아래쪽에는 행운의 숫자 7이 새겨져 있습니다.

8 찬호는 아빠의 생일선물을 사기 위해 누나와 함께 백화점에 갔습니다. 그동안 누나와 함께 모아둔 용돈으로 넥타이를 사드리려고 합니다. 한참을 둘러본 후에 아빠에게 잘 어울릴 만한 넥타이를 찾았습니다. 찬호가 아빠에게 선물할 넥타이를 찾아주세요.

찬호는 아빠가 좋아하시는 연두색 넥타이를 골랐습니다. 누나는 처음에는 초록색이 더 예쁘다고 했지만 곧 찬호의 말을 따르기로 했습니다. 넥타이에는 작은 파란색 물방울무늬가 함께 있어서 아주 시원해 보입니다.

3. 머릿속으로 계산하기 p. 94~95

1 연못에 2마리의 오리가 있었습니다. 잠시 후 3마리의 오리가 더 날아왔습니다. 지금 연못에는 모두 몇 마리의 오리가 있을까요? 5마리

2 냉장고에 빨간색 사과 3개와 초록색 사과 2개가 있습니다. 냉장고에 있는 사과는 모두 몇 개일까요? 5개

3 나무에 다람쥐 3마리가 있었습니다. 잠시 후 다람쥐 1마리가 숲 속으로 사라졌습니다. 지금 나무에는 몇 마리의 다람쥐가 남아 있을까요? 2마리

4 승빈이는 5개의 스티커를 가지고 있었는데, 선생님이 오늘 스티커 2개를 더 주셨습니다. 승빈이가 가지고 있는 스티커는 모두 몇 개일까요? 7개

5 시골에 사시는 할머니 집에서 2마리의 암탉과 2마리의 수탉을 키웁니다. 할머니네 집에 있는 닭은 모두 몇 마리일까요? 4마리

6 과자 바구니에 과자가 5개 있었습니다. 지안이가 3개의 과자를 먹었다면 남아 있는 과자는 모두 몇 개일까요? 2개

7 토끼, 강아지, 염소가 놀이터에 모였습니다. 동물들의 귀는 모두 몇 개일까요? 6개

8 영아네 집에는 자동차 장난감이 7개 있습니다. 오늘 영아네 집에 놀러간 승훈이가 자동차 장난감 3개를 빌려왔다면, 영아네 집에는 몇 개의 자동차 장난감이 남아 있을까요? 4개

9 연후네 집에서는 어미개 1마리와 강아지 1마리를 키우고 있었습니다. 그런데 오늘 어미개가 3마리의 아기 강아지를 더 낳았습니다. 이제 연후네 개는 모두 몇 마리인가요? 5마리

10 린우는 새 연필 4자루를 가지고 있었는데 이 중 2자루를 동생에게 나누어주었습니다. 이제 린우에게 남아 있는 연필은 모두 몇 자루일까요? 2자루

4. 기호 계산 p. 96~99

정답

1. 사물 기억하기 p. 100~103

1 토끼, 호랑이, 거북이, 강아지

2 가위, 풀, 스케치북, 색종이

3 피아노, 북, 바이올린, 탬버린

4 장미, 해바라기, 국화, 카네이션

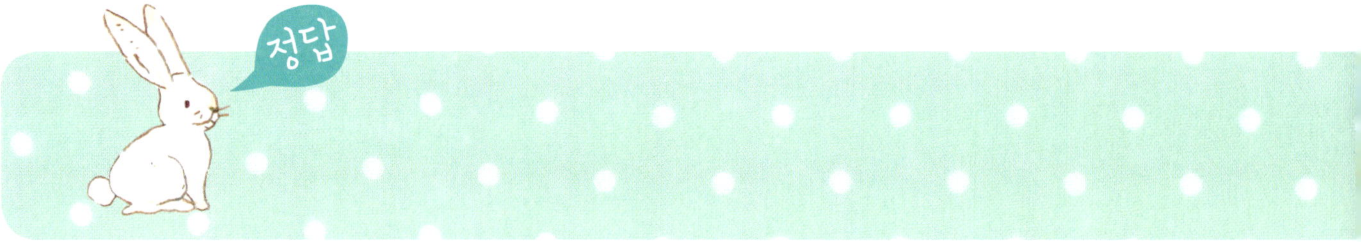

5 구두, 장화, 오리발, 운동화

6 벌, 나비, 모기, 앵무새

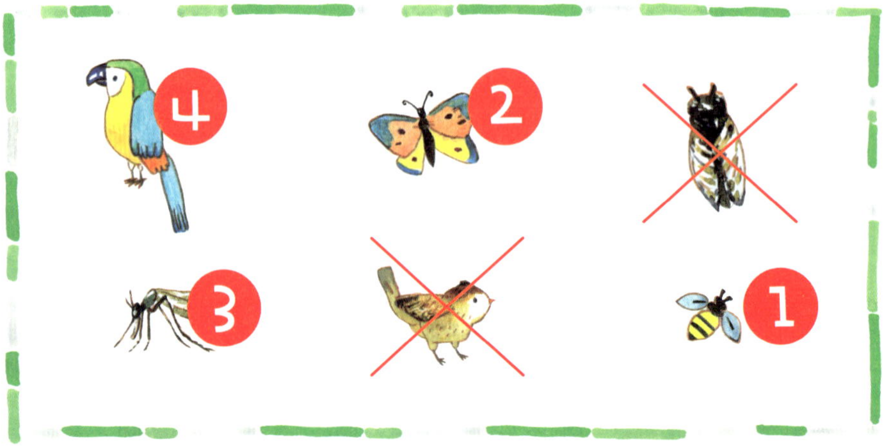

7 우유, 오렌지주스, 콜라, 커피

8 자동차, 비행기, 자전거, 헬리콥터

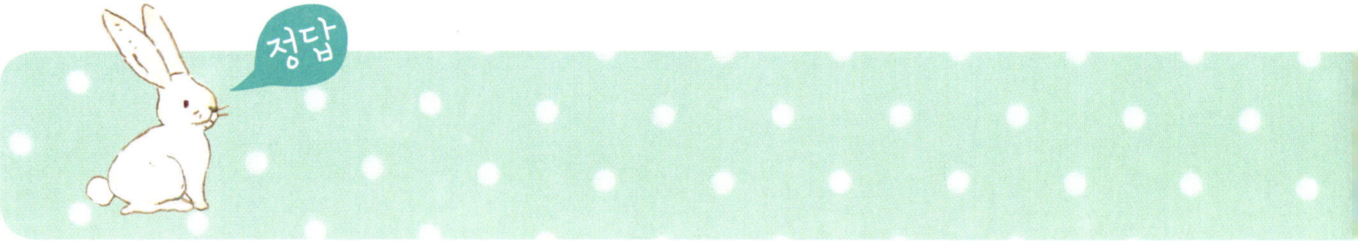

2. 탐정 놀이 p. 104~107

1 혜민이는 예전부터 예쁜 문구세트를 가지고 싶었습니다. 오랫동안 용돈을 조금씩 모았던 혜민이는 오늘 드디어 문구세트를 사러 문구점에 왔습니다. 문구점에는 예쁜 문구세트가 너무 많았습니다. 한참을 고민하던 끝에 혜민이는 가장 마음에 드는 문구세트를 골랐습니다. 혜민이가 고른 문구세트를 찾아주세요.

문구세트는 파란색 상자에 담겨 있습니다. 상자 안에는 길쭉한 네모 모양의 분홍색 필통 1개와 연필 3자루, 지우개 2개가 있습니다. 그리고 칼과 자도 하나씩 있습니다.

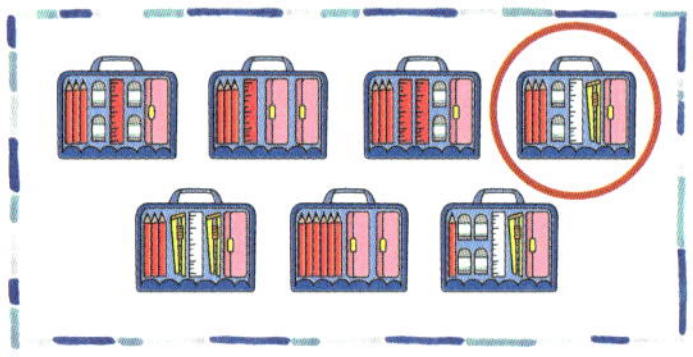

2 미솔이는 오늘 아침 좋아하는 연후를 보았답니다. 연후는 공부도 잘하고 운동도 잘하고 얼굴도 잘생긴 데다 반장까지 하고 있어서 여자아이들에게 인기가 좋습니다. 미솔이는 오늘 아침 등굣길에 반대쪽에서 걸어오는 연후를 보고 기분이 좋아졌습니다. 연후는 오늘도 옷을 멋지게 입었네요. 멋진 옷을 입은 연후를 찾아주세요.

연후는 오늘 노란색 가로 줄무늬의 초록색 반팔 셔츠와 검은색 반바지를 입었습니다. 그리고 알파벳 N모양이 그려져 있는 야구모자를 쓰고 있습니다.

3 추운 겨울이 가고 따뜻한 봄이 왔습니다. 현중이 엄마는 현중이의 겨울 이불을 치우고 화사한 봄 이불로 바꿔주셨습니다. 이불이 바뀌니 현중이의 기분도 좋아졌습니다. 현중이의 바뀐 이불을 찾아주세요.

현중이의 봄 이불은 파란색 줄무늬가 있는 하늘색 이불입니다. 겨울 이불에도 주황색 줄무늬가 있었지만 이번 이불 같은 화사한 느낌은 적었던 것 같습니다. 이불 위쪽에는 귀여운 거위 한 마리가 그려져 있습니다.

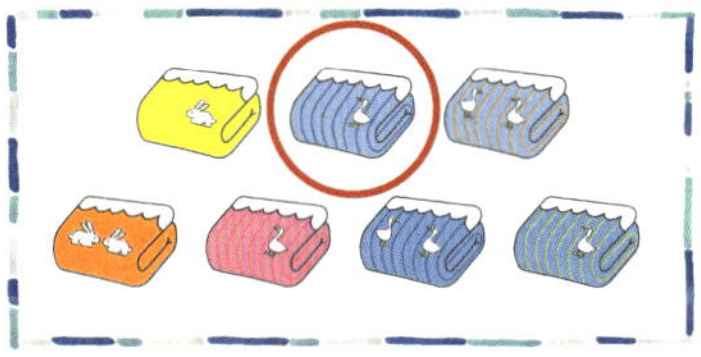

4 지혜는 엄마와 함께 백화점에 갔습니다. 작년에 입던 외투가 너무 작아져서 새 외투를 사야 하기 때문입니다. 마음에 드는 외투를 사기 위해 이리저리 둘러보던 지혜는 마음에 꼭 드는 외투를 발견했습니다. 지혜의 외투를 찾아주세요.

지혜는 모자가 달려 있는 분홍색 외투를 골랐습니다. 주머니 부분과 소매 끝부분은 보라색이라 아주 따뜻해 보입니다. 가슴 부분에는 귀여운 곰돌이 얼굴이 하나 그려져 있습니다.

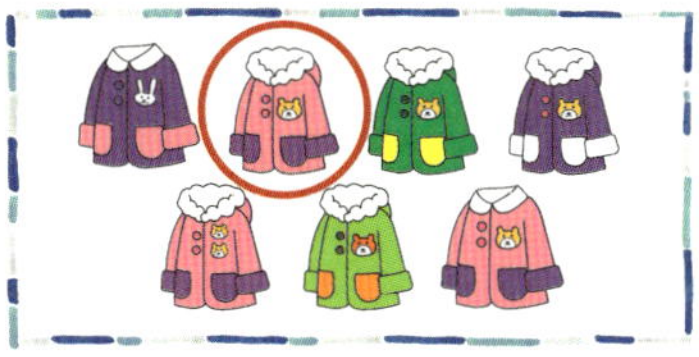

정답

5 오랜만에 민준이네 가족은 놀이공원으로 나들이를 나왔습니다. 모두 함께 점심을 먹고 놀이공원을 걷고 있는데 삐에로 복장을 한 광대가 나타났습니다. 그 광대는 민준이에게 풍선을 나누어주었습니다. 민준이는 무척 신이 났습니다. 민준이가 만난 광대를 찾아주세요.

광대는 파란색 옷을 입었고 그 옷에는 하얀색 물방울무늬가 그려져 있습니다. 얼굴에는 하얀색으로 분칠을 했고 입술 주변에 빨간색 칠을 했습니다. 머리에는 고깔모자를 쓰고 있으며 한 손에는 빨간색, 하얀색, 초록색의 풍선을 들고 있습니다.

6 지현이는 이상한 잠버릇이 있습니다. 그것은 지현이가 가장 아끼는 베개를 베어야지만 잠이 드는 버릇입니다. 그래서 지현이는 할머니 댁에 가거나 여행을 갈 때마다 꼭 베개를 챙깁니다. 오늘은 옆집에 사는 친구 아라네 집에 가서 놀다가 하룻밤을 자고 오기로 한 날입니다. 그래서 오늘도 지현이는 자기 베개를 챙겨 아라네로 갔습니다. 지현이의 베개를 찾아주세요.

지현이의 베개는 분홍색인데 하얀색 레이스가 달려 있습니다. 아라 베개에도 하얀색 레이스가 있지만 색깔은 노란색이라 지현이 것과 쉽게 구분됩니다. 그리고 지현이 베개에는 작은 빨간색 하트무늬가 여러 개 있습니다.

7 오늘도 다은이는 잠자리에 들기 전에 하나님께 기도를 했습니다. 이번 크리스마스에 곰인형을 선물로 받게 해달라고 기도를 하는 것입니다. 다은이의 기도를 잘 듣고 다은이가 받고 싶어 하는 곰인형을 찾아주세요.

"하나님! 제가 받고 싶은 곰인형은 갈색이에요. 지난번에 받았던 하얀색 곰인형은 너무 빨리 더러워져서 오래 가지고 놀 수가 없었거든요. 그 곰인형은 파란색 셔츠에 보라색 바지를 입고 있어요. 노란색 야구모자도 쓰고 있어서 얼마나 귀여운지 몰라요. 제발 꼭 그 곰인형을 선물로 받을 수 있게 해주세요."

8 도형이의 집이 시끌벅적합니다. 막내 삼촌이 애인을 데리고 오는 날이기 때문입니다. 오랫동안 삼촌의 결혼을 기다렸던 친척들이 모두 도형이의 집에 모였습니다. '딩동딩동' 드디어 벨이 울리고 모두 삼촌 애인의 얼굴을 기대하며 현관으로 달려 나갔습니다. 삼촌의 애인을 찾아주세요.

삼촌의 애인은 긴 생머리인데, 시원한 연두색 머리띠를 하고 있습니다. 환하게 웃고 있는 데다가 하얀색 물방울무늬가 있는 하늘색 원피스를 단정히 입고 있어 무척 예뻐보였습니다.

3. 머릿속으로 계산하기 p. 108~109

1 현우네 집에는 위인전이 10권 있습니다. 그런데 오늘 지현이가 이순신 장군과 김구 선생님의 위인전을 빌려 갔습니다. 그럼 현우네 집에는 몇 권의 위인전이 남아 있나요? 8권

2 민재는 오늘 여자친구 3명, 남자친구 2명과 함께 놀이동산에 다녀왔습니다. 민재를 포함해서 놀이동산에 함께 간 어린이는 모두 몇 명인가요? 6명

3 식탁에 7개의 초콜릿과 5개의 사탕과 3개의 사과가 있습니다. 초콜릿과 사탕은 모두 몇 개인가요? 12개

4 놀이터에 7명의 친구가 놀고 있었는데, 3명의 친구가 집으로 돌아갔습니다. 그리고 4명의 친구가 새로 왔습니다. 그러면 지금 놀이터에 있는 친구는 모두 몇 명일까요? 8명

5 집에 5개의 자두가 있는데, 아버지가 집에 오시면서 자두 10개를 더 사오셨습니다. 이제 집에 있는 자두는 모두 몇 개일까요? 15개

6 민수는 연필 6자루를 가지고 있었습니다. 그런데 오늘 선생님이 연필 5자루를 주셨습니다. 기분이 좋아진 민수는 친구에게 연필 2자루를 나누어주었습니다. 그러면 지금 민수가 가지고 있는 연필은 모두 몇 자루일까요? 9자루

7 지혜의 어머니는 달걀 6개를 삶으셨습니다. 지혜는 오전에 그 달걀 중 2개를 포도주스와 함께 맛있게 먹고 저녁에 하나를 더 먹었습니다. 이제 남아 있는 삶은 달걀은 모두 몇 개일까요? 3개

8 성민이는 오늘 학교에서 동화책 3권을 읽고, 집에 와서 동화책 3권을 더 읽었습니다. 그리고 과학책 4권을 또 읽었습니다. 오늘 성민이가 읽은 책은 모두 몇 권일까요? 10권

9 모든 곤충의 다리는 6개입니다. 장수풍뎅이와 무당벌레는 곤충입니다. 장수풍뎅이와 무당벌레의 다리를 모두 합하면 몇 개일까요? 12개

10 지현이네 가족은 4명, 은지네 가족은 5명입니다. 지현이네 가족과 은지네 가족 수를 합하면 모두 몇 명일까요? 9명

4. 기호 계산 p. 110~113

정답

1. 사물 기억하기 p. 114~117

1 식빵, 밥, 햄버거, 라면, 짜장면

2 기린, 고양이, 사슴, 호랑이, 거북이

3 오렌지, 포도, 수박, 딸기, 사과

4 노랑, 초록, 빨강, 파랑, 주황

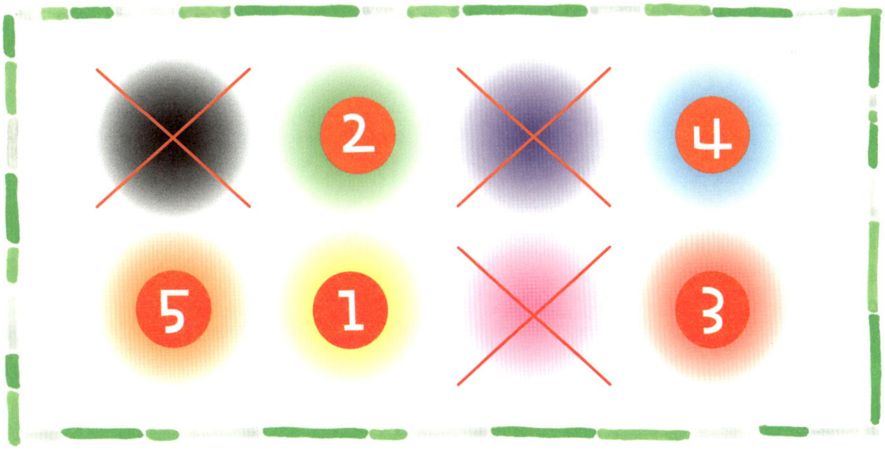

정답

5 치마, 양말, 바지, 목도리, 모자

6 기타, 피아노, 실로폰, 바이올린, 북

7 상추, 오이, 가지, 고추, 호박

8 도마, 국자, 숟가락, 칼, 포크

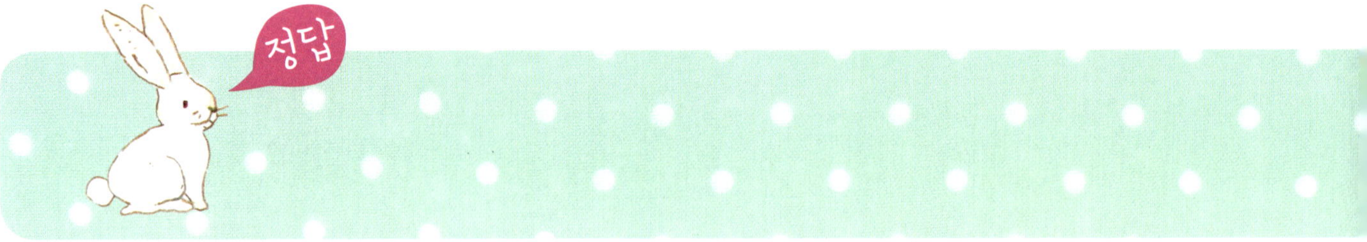

2. 탐정 놀이 p. 118~121

1 창수의 집에서 맛있는 냄새가 납니다. 오랜만에 엄마가 맛있는 피자를 만들고 계시기 때문입니다. “이제 거의 다 됐다. 창수야! 피자 놓을 그릇 좀 꺼내줄래?” 엄마가 부탁하셨습니다. “어떤 그릇이요?” 창수가 물었습니다.

“스파게티랑 같이 담아야 하니까 넓은 접시가 좋겠다. 거기 보면 연두색으로 된 넓은 접시 있지? 아니 전부 다 연두색으로 된 것 말고 안에는 하얀색이고 테두리만 연두색인 그 접시 말이야. 가운데 별이 하나 그려져 있잖아.” 창수가 꺼내야 할 그릇을 찾아주세요.

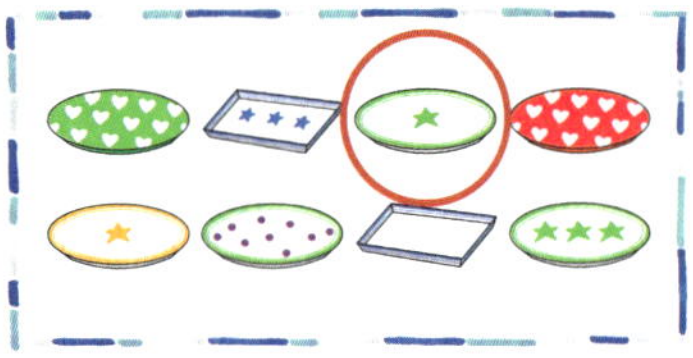

2 내일은 태우와 제일 친한 수빈이의 생일입니다. 태우는 수빈이의 생일선물로 무엇을 해주면 좋을지 고민하다가 예쁜 머리핀을 사주기로 결심했습니다. 태우는 예쁜 수빈이의 얼굴을 떠올리며 핀을 골랐습니다.

‘음… 수빈이에게 잘 어울릴 만한 핀은 어떤 걸까? 수빈이 머리가 까만색이니까 빨간색 핀이 잘 어울릴 거야. 그런데 물방울무늬가 있는 게 좋을까? 꽃무늬가 있는 게 좋을까? 여기 분홍색 물방울무늬가 있는 게 제일 예쁜 것 같다. 이걸로 해야지. 큰 것 하나보다는 작은 것 두 개를 사주는 것이 더 좋을 거야.’ 태우가 고른 머리핀은 어떤 걸까요?

3 와! 눈이다. 준석이와 태용이는 밖으로 뛰어나가 눈사람을 만들었습니다. 누가 더 크고 멋진 눈사람을 만들지 서로 경쟁하면서 열심히 눈사람을 만들었습니다. 준석이와 태용이의 눈사람은 서로 닮은 듯하면서도 다르게 생겼습니다. 준석이의 눈사람을 찾아주세요.

준석이의 눈사람은 빨간색과 주황색이 번갈아 있는 목도리를 하고 있습니다. 모자는 검은색 털모자입니다. 준석이는 근처에 있는 돌을 주워 눈도 만들고, 나무 막대기로 입도 만들었습니다. 하지만 마땅한 재료가 없어서 코는 만들지 못했습니다.

4 친구와 함께 놀다 집으로 돌아가던 나희는 길가에 자라고 있는 풀을 보고 발걸음을 멈추었습니다. 지금까지 한 번도 본 적이 없는 아주 예쁜 꽃이 피어 있었기 때문입니다. 나희는 그 꽃의 이름이 너무나 궁금해서 집으로 돌아오자마자 엄마에게 꽃의 생김새를 차근히 설명했습니다. 나희가 본 꽃을 찾아주세요.

"엄마, 정말 예쁜 꽃을 봤어. 얇고 긴 잎을 가진 풀 사이에 피어 있었는데 꽃이 내 손톱보다도 더 작았어. 그렇게 작은 꽃들이 많이 피어 있었는데 자세히 보니까 하얀색 꽃이랑 노란색 꽃이 섞여 있었어."

5 너무나 무더운 여름입니다. 더위를 참아 가며 열심히 공부를 하는 민호를 위해 엄마가 아이스크림을 만들어주셨습니다. 엄마가 만들어주신 아이스크림을 찾아주세요.

아이스크림은 투명한 유리그릇에 담겨 있습니다. 하얀색 바닐라 아이스크림과 분홍색 딸기 맛 아이스크림이 함께 있습니다. 창수는 초코 맛 아이스크림도 좋아하지만 이번에는 딸기 맛을 선택했습니다. 대신 아이스크림 위에 검은색 초콜릿 시럽을 뿌려 초코 맛도 즐길 수 있게 했습니다. 또 엄마는 아이스크림에 딸기와 바나나도 곁들여주셨습니다.

6 다른 지방에 사는 고모가 주희네 집에 놀러오셨습니다. 고모는 주희에게 어울리는 예쁜 원피스를 사오셨습니다. "우리 주희가 이렇게 많이 자란지 몰랐네. 옷이 작으면 어떡하지? 한 번 입어보자." 주희는 원피스를 입어보았습니다. 원피스는 주희의 몸에 아주 잘 맞았습니다. 주희의 원피스를 찾아주세요.

주희의 원피스는 반팔 소매의 보라색 원피스입니다. 치마 길이가 무릎까지 와서 활동하기 편안하고 시원합니다. 목과 허리에는 분홍색 선이 둘러져 있고 허리에는 같은 색깔의 리본도 달려 있습니다. 원피스의 색깔이 주희가 가지고 있는 빨간색 구두와 아주 잘 어울릴 것 같습니다.

7 한솔이는 엄마와 함께 커튼 가게에 갔습니다. 한솔이 방의 커튼을 바꾸기 위해서입니다. 새로 나온 예쁜 커튼들 중에 한솔이 방에 잘 어울릴 만한 커튼을 골랐습니다. 새로 산 커튼을 찾아주세요.

커튼의 색깔은 파란색입니다. 커튼 위에는 하얀색 구름무늬가 있고 아래쪽에는 작은 나무가 그려져 있습니다. 맨 아래에는 하늘색 띠가 있습니다.

8 지현이는 감기에 자주 걸리는 편입니다. 지현이는 이번에 또 감기에 걸렸습니다. 그런데 이번 감기는 콧물감기라 하루 종일 콧물이 흐릅니다. 엄마는 손수건을 챙겨주시면서 콧물이 날 때마다 잘 닦으라고 말씀하셨습니다. 지현이의 손수건을 찾아주세요.

지현이의 손수건은 분홍색인데, 테두리에는 하얀색 레이스가 달려 있습니다. 손수건에는 여러 가지 숫자가 무늬처럼 그려져 있습니다. 1, 2, 3, 4, 6, 7, 8, 9. 그런데 이상하게 숫자 5는 보이지 않네요.

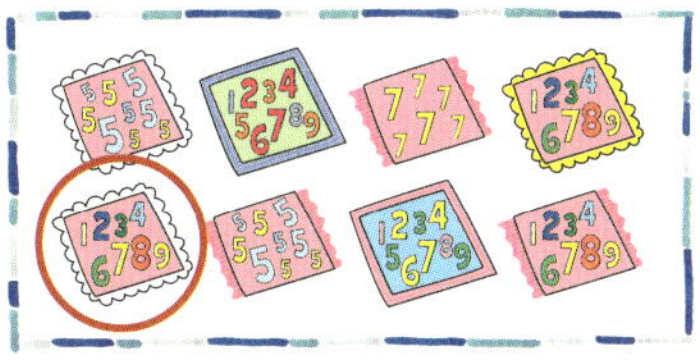

3. 머릿속으로 계산하기 p. 122~123

1 수현이네 집에서 학교까지는 15분이 걸리고, 학교에서 도서관까지는 10분이 걸립니다. 수현이가 집에서 학교를 거쳐 도서관에 가는 데 걸리는 시간은 모두 몇 분일까요? 25분

2 지호네 반 학생은 모두 35명입니다. 이 중 남학생이 17명이라면 여학생은 모두 몇 명일까요? 18명

3 닭장에 암탉 7마리와 수탉 5마리, 그리고 병아리 10마리가 있습니다. 그러면 닭장에 있는 닭과 병아리는 모두 몇 마리인가요? 22마리

4 성빈이는 구슬이 7개씩 들어 있는 주머니 2개를 가지고 있습니다. 성빈이가 가지고 있는 구슬은 모두 몇 개일까요? 14개

5 수연이네 반은 4개의 분단으로 이루어져 있습니다. 각 분단에 8씩 앉아 있다면 수연이네 반 학생은 모두 몇 명일까요? 32명

6 바구니에 감자 6개와 고구마 12개가 있습니다. 바구니 안에 있는 곡물은 모두 몇 개일까요? 18개

7 태영이는 천원 3장, 오천원 1장을 가지고 있습니다. 태영이가 가지고 있는 돈은 모두 얼마일까요? 8,000원

8 사탕 바구니에 오렌지 맛 사탕 3개와 포도 맛 사탕 6개, 박하 맛 사탕 2개가 있습니다. 사탕 바구니에 있는 사탕은 모두 몇 개일까요? 11개

9 농장에 염소 6마리, 토끼 7마리, 소 3마리가 있습니다. 농장에 있는 동물은 모두 몇 마리일까요? 16마리

10 버스에 12명의 사람이 타고 있었습니다. 첫 번째 정류장에서 3명이 내리고, 두 번째 정류장에서 1명이 탔다면, 지금 버스 안에는 몇 명이 타고 있을까요? 10명

4. 기호 계산 p. 124~127

4장 지속적 집중력

1. 숫자 세기

'숫자 세기'는 특정 기호의 개수를 세는 활동입니다. 숫자 세기를 잘하기 위해서는 차분히 한 줄씩 세어야 합니다. 활동지에 표시를 하는 것도 괜찮습니다. 지루하고 짜증스러울 수 있는 이런 과제를 하는 동안 아이는 '어디까지 세었지? 다시 돌아가야겠다', '아이 참! 왜 처음 센 거랑 다르지?', '앗! 이걸 빠뜨렸구나' 같은 속말을 하면서 자신의 정서를 조절하게 됩니다.
빨리 세는 것보다 차분히 세는 것을 강조해주세요. 또 다 센 후에는 다시 한 번 세어서 점검하도록 해주세요.

2. 암호 해독

'암호 해독'은 기호와 짝이 되는 자음과 모음을 찾아 기호로 제시된 글자를 풀어내는 활동입니다. 암호 해독을 잘하기 위해서는 눈으로는 해당 기호와 짝이 되는 문자를 재빠르게 탐색하면서 먼저 찾은 글자와의 연결 고리를 만들어야 합니다.
속도와 정확성 모두가 중요한 활동이지만, 연령이 어릴수록 속도보다는 정확성을 강조해주세요. 빠르게 찾으려다 실수하기보다는 차분하게 천천히 살피며 문자를 조합하다 보면 글자와 문장이 만들어지게 됩니다. 답답한 마음에 힌트를 주거나 대신 찾아주지 말고, 충분한 시간을 들여 아이가 완성할 때까지 기다려주세요.

3. 지그재그 연결하기

'지그재그 연결하기'는 숫자와 색깔이라는 두 가지 단서를 동시에 고려하면서 과제를 수행해야 하는 활동입니다. 아이에게 1부터 9까지의 숫자를 찾아 연결하되, 여러 개의 색깔을 번갈아 연결해야 하는 활동이라는 것을 설명해주세요. 어른들은 이런 규칙을 빨리 습득하고 적용할 수 있지만 아이들은 규칙 자체를 이해하지 못하기도 합니다. 이럴 때는 제시되어 있는 보기와 같이 선을 연결하도록 지도해주시기 바랍니다(선이 겹쳐져도 됩니다). 이런 활동을 몇 번 반복한 후에 다시 규칙을 설명해주면 아이가 보다 쉽게 이해할 수 있습니다.
지그재그 연결하기를 잘하기 위해서는 색깔의 순서를 입으로 중얼거리는 것이 좋습니다. 자신만 들을 수 있는 낮은 소리로 "초, 노, 보"를 반복하면서 숫자를 찾으면 더 쉽고 빠르게 선을 연결할 수 있습니다. 초시계로 각 활동마다 시간을 재어주면서 점점 속도가 빨라지도록 유도해보세요.

4. 카드 순서 맞추기

'카드 순서 맞추기'는 주어진 4개의 카드를 시간 순서대로 재배열하는 과제를 통해 시각적 단서를 이용한 인과관계 파악 능력을 높이는 활동입니다. 이러한 활동은 사회적 상황 파악 및 대처 능력을 향상시키고 정서 인식 능력을 높여 지속적 집중력 발달에 도움을 줍니다.
아이에게 4개의 카드 번호를 먼저 일어난 순서대로 쓰라고 지시해주세요. "이 중에서 어떤 게 가장 먼저 일어난 일이고 어떤 게 가장 나중에 일어난 일일까? 먼저 있었던 일부터 차례대로 카드 번호를 써보자" 하고 이야기하면 됩니다.
아이가 답을 쓴 후에는 "왜 이렇게 생각했어? 그림을 보고 이야기를 만들어줄래?" 하며 이야기를 구성하도록 해주세요. 때로는 아이가 구성한 자기 나름의 이야기가 정답과 다를 수 있습니다. 그럴 때는 아이의 이야기 구성에 "아~ 그런 이야기구나", "그렇게 생각할 수도 있겠구나" 하며 호응을 해준 후 아이가 놓친 그림의 구체적인 부분을 짚으면서 정답을 알려주는 것이 좋습니다.

1. 숫자 세기 p. 130~131

8	6	11

9	8	8

2. 암호 해독 p. 132~133

1 행복한 우리 가족.

2 만나서 반갑습니다.

3 즐거운 소풍을 가요.

4 나비야 훨훨 날아라.

5 소중한 내 친구.

3. 지그재그 연결하기 p. 134~135

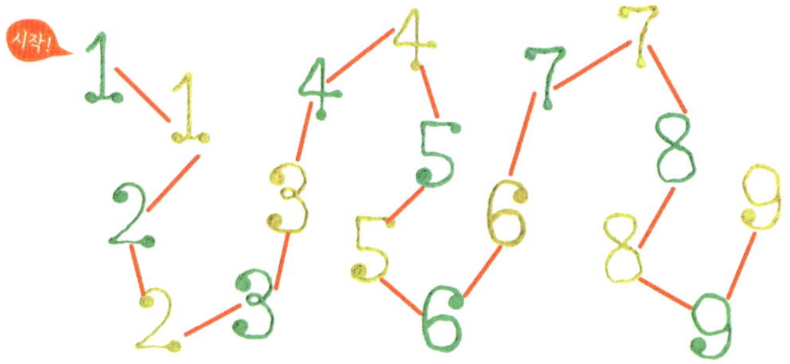

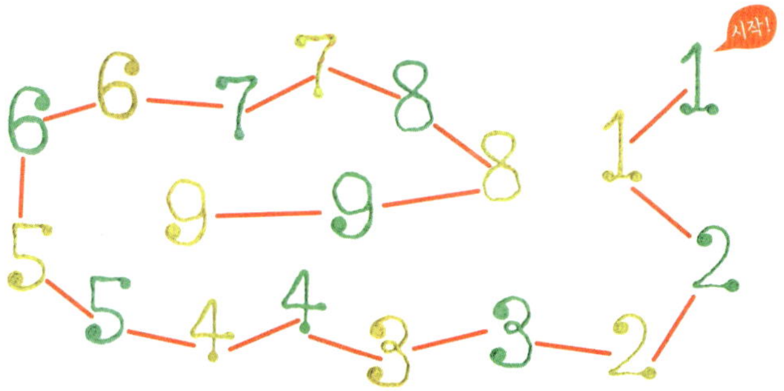

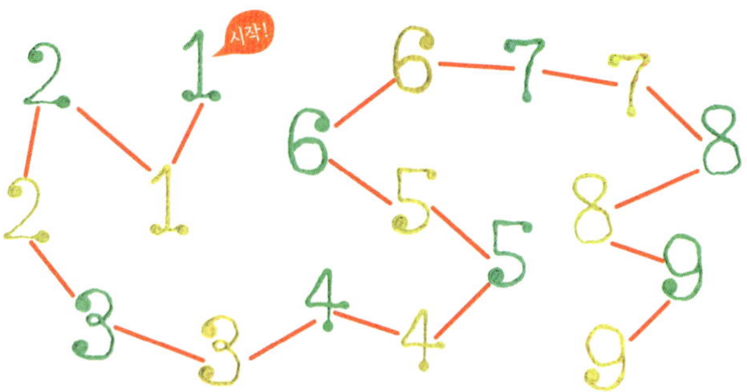

정답

4. 카드 순서 맞추기 p. 136~143

1단계

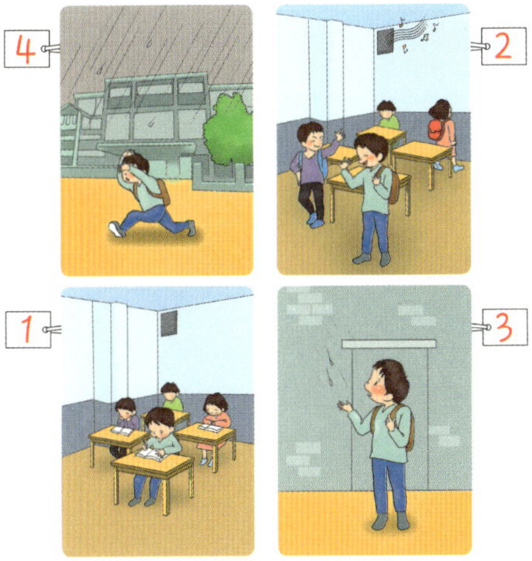

1. 숫자 세기 p. 144~145

11	18	12	23

15	11	17	21

2. 암호 해독 p. 146~147

1 경복궁은 조선시대 왕들이 살던 곳입니다.

2 식목일에는 나무를 심어요.

3 곰은 겨울잠을 자는 동물입니다.

4 낮에는 해가 뜨고 밤에는 달이 떠요.

5 세종대왕님이 한글을 만드셨어요.

3. 지그재그 연결하기 p. 148~149

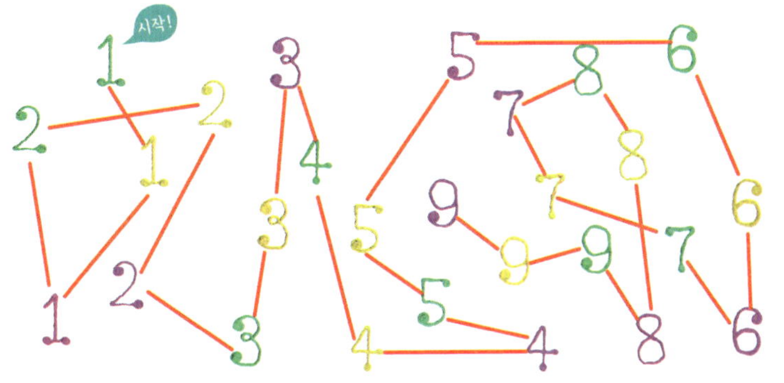

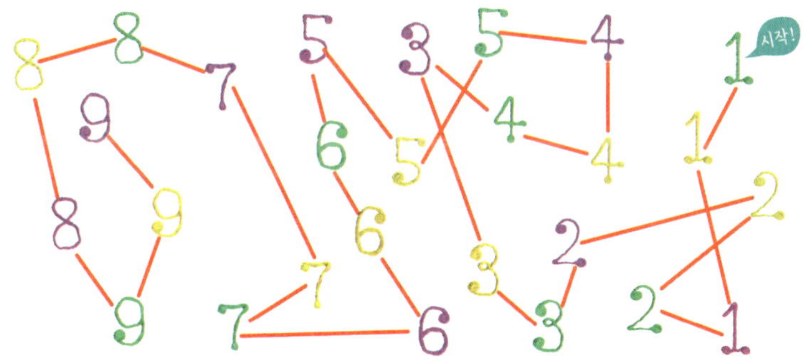

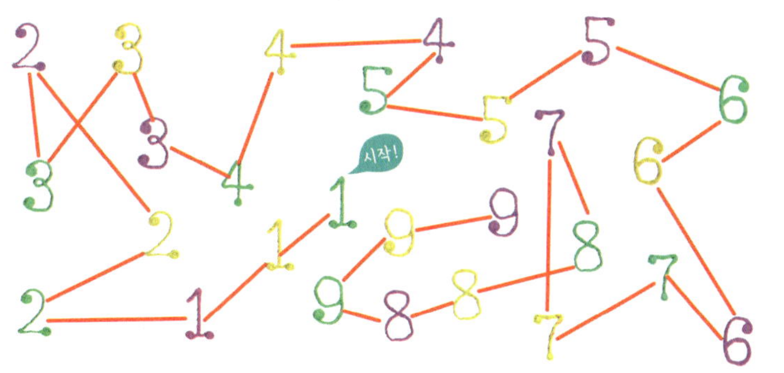

정답

4. 카드 순서 맞추기 p. 150~157

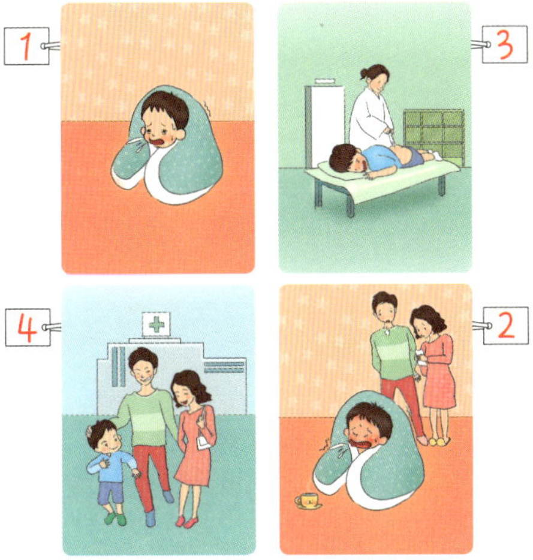
1
3
4
2

2
1
4
하나 슈퍼
3

1
2
바보
ㅋㅋ
4
3

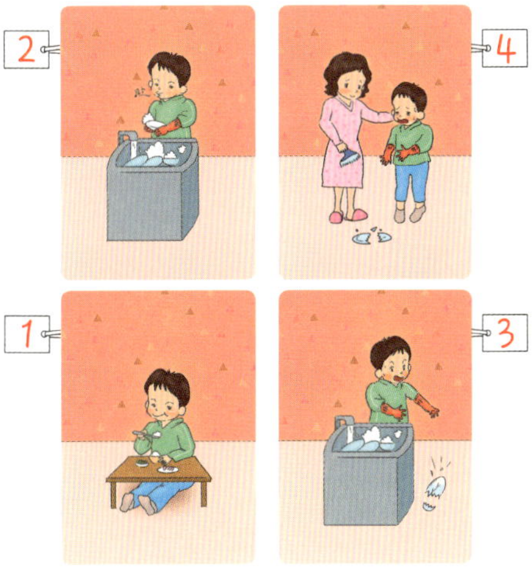
2
4
1
3

1. 숫자 세기 p. 158~159

16	20	19	11	15

11	19	22	16	13

2. 암호 해독 p. 160~161

1 어버이날은 부모님의 은혜에 감사하는 날이에요.

2 발명왕 에디슨은 세계 최초로 전구를 만들었어요.

3 사계절이 아름다운 제주도는 삼다도라 불립니다.

4 부모님께 용돈을 받으면 용돈기입장에 기록을 해야 합니다.

5 그린에너지는 청정한 자연의 에너지를 말합니다.

3. 지그재그 연결하기 p. 162~163

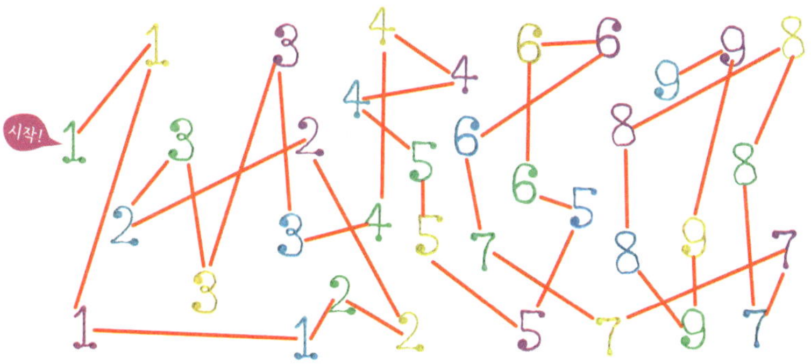

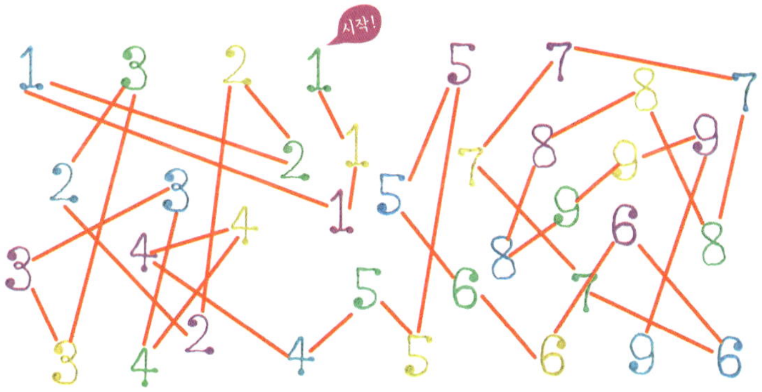

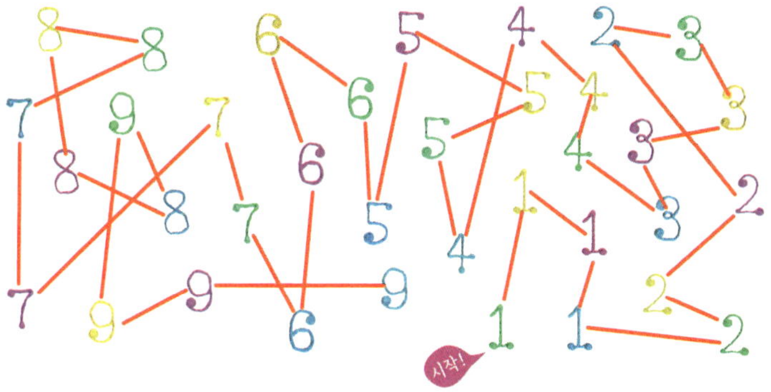

4. 카드 순서 맞추기 p. 164~171

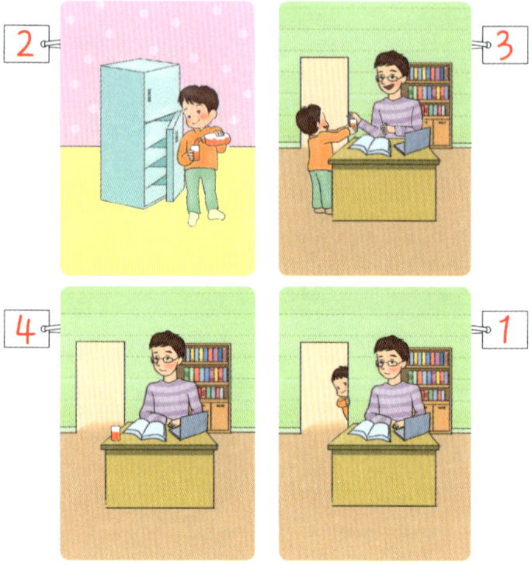

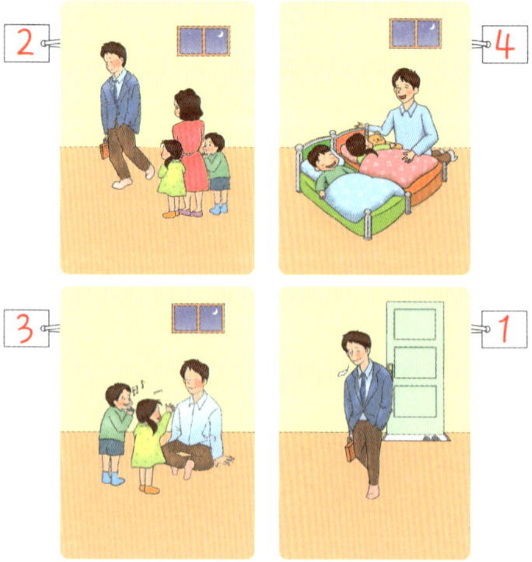

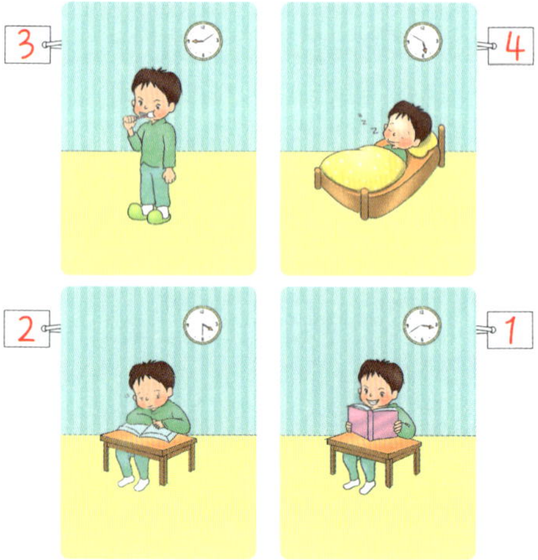

3단계

이 명 경 한국집중력센터 소장. 서울대학교에서 교육상담을 전공, 주의력 결핍 및 과잉 행동 장애ADHD 학생을 위한 프로그램 개발을 주제로 교육학 박사학위를 받았다. 서울대학교 교육종합연구원 객원연구원, 건국대학교 교육대학원 겸임교수, CANADA SIMON FRASER UNIVERSITY VISITING SCHOLAR를 역임했다. BRAIN KOREA 21 프로젝트를 위해 CANADA SIMON FRASER UNIVERSITY에서 연구활동을 했으며 서울교육대, 경인교육대, 청주교육대, 건국대, 방송통신대 등에서 현직교사와 예비교사들을 교육했다. 2005년부터 한국집중력센터에서 학생과 학부모를 대상으로 몸과 마음을 건강하게 발달시켜 집중력과 학업 성취도를 높일 수 있는 방법을 상담과 교육을 통해 전하고 있다. 지은 책으로는 《아이의 집중력, 부모에게 달려 있다》, 《자존감 교육》, 《학습 상담》, 《청소년 상담학 개론》 외 다수가 있다.

한국집중력센터 한국집중력센터는 아동과 청소년의 건강한 성장을 돕는 전문교육&상담기관입니다. 서울대학교 교육학과 아동청소년상담연구실과 함께 집중력 교육 프로그램을 개발·보급하는 교육기관으로 머리, 마음, 몸을 고루 발달시켜 아이의 잠재력을 최대로 이끌어낼 수 있는 다양한 교육 프로그램을 운영하고 있습니다.

• **홈페이지** www.ikcc.co.kr • **블로그** blog.naver.com/focusing0771 • **전화** 02)552-0771~2

아이의 집중력, 부모에게 달려 있다: 집중력 실전 워크북 부모용 가이드북

1판 1쇄 발행 2016. 7. 20.
1판 8쇄 발행 2025. 5. 20.

지은이 이명경

발행인 박강휘
편집 임지숙 디자인 지은혜
발행처 김영사
등록 1979년 5월 17일(제406-2003-036호)
주소 경기도 파주시 문발로 197(문발동) 우편번호 10881
전화 마케팅부 031)955-3100, 편집부 031)955-3200 | 팩스 031)955-3111

값은 뒤표지에 있습니다.
ISBN 978-89-349-7445-1 04370
978-89-349-7446-8(세트)

홈페이지 www.gimmyoung.com 블로그 blog.naver.com/gybook
인스타그램 instagram.com/gimmyoung 이메일 bestbook@gimmyoung.com

좋은 독자가 좋은 책을 만듭니다.
김영사는 독자 여러분의 의견에 항상 귀 기울이고 있습니다.